I0260371

VOYAGES
RÉCRÉATIFS
DU CHEVALIER
DE
QUÉVÉDO.

VOYAGES
RÉCRÉATIFS,
DU CHEVALIER
DE
QUÉVÉDO.

ECRITS PAR LUI-MESME.

Rédigés & traduits de l'Espagnol.

M DCC LVI.

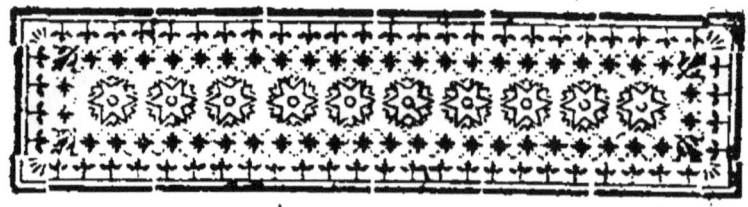

AVERTISSEMENT.

Ce n'est pas un Ouvrage d'invention, ce n'est pas une pure traduction que l'on donne ici ; c'est un composé de l'une & de l'autre. Il étoit impossible de traduire exactement Quévédo : il étoit dangereux de s'éloigner de ses pensées.

Il en est de lui, comme de tous les Auteurs Originaux dont les beautés sont souvent attachées à la Langue. Celui-ci est admirable en Castillan ; du moins les Espagnols, &

ceux d'entre eux qui font les plus cultivés, ne le lifent qu'avec tranfport.

Pour les François & tous les Etrangers, qui font privés, dans une traduction, de ces expreffions heureufes, & de mille traits relatifs aux mœurs, qui ne font piquans que dans une Langue feule, ou que pour une feule Nation, ils ne font pas difpofés à applaudir aux jeux de mots, ni aux fréquentes équivoques, aux phrafes obfcures, aux plaifanteries bouffonnes. Quelques morceaux qu'ils puiffent voir à côté de ceux de cette efpèce, les uns ne fçauroient leur rendre les autres agréables.

AVERTISSEMENT.

Il n'y avoit point d'autre moyen de plaire généralement, que de faire ce qu'un sens droit, & un peu de délicatesse dictent dans la traduction de tous les Ouvrages de la nature de celui-ci ; c'est-à-dire, que de changer, de retrancher & de substituer quelque chose de plus régulier & de plus conforme à notre façon de penser.

Les œuvres de Quévédo le méritoient certainement. C'est un de ces Auteurs d'un génie extrêmement marqué, qui semble s'oublier quelquefois, mais dont les saillies vont souvent jusqu'au ravissement & au prodige. Il étoit à propos de faire un discernement exact,

AVERTISSEMENT.

dans ce fleuve qui charie l'or, mêlé du moins suivant notre goût avec le gravier.

Il falloit aussi remplir le vuide des matieres qu'on écartoit : & quelle fécondité n'eût pas été nécessaire, pour faire une compensation égale ! je ne me flatte pas d'y avoir réussi : je me suis proposé de prendre un style suivi, soutenu, & précisément de ne pas déshonorer l'original par ce que j'y inférois.

Je crois en tout cas, que Quévédo sera aussi reconnoissable ici, que dans la vieille & infidelle traduction du sieur de Lagéneste, dont les visions n'ont pas laissé d'être lûes. Il ne tiendra pas ici un langage

AVERTISSEMENT.

sale & grossier; l'on y verra moins d'extravagances; il ne ressemblera plus aux bouffonneries des Halles & des Quais. Je crois aussi sans présomption, que la diction sera plus pure que celle d'un Ecrivain qui s'énonçoit mal, même pour les commencemens du Siécle passé; & qui, en un mot, n'a donné dans sa Langue qu'une idée, aussi basse qu'injuste, d'un Auteur estimable par mille endroits.

Cet Ouvrage est d'ailleurs tout différent de celui de Lagéneste, par le choix & l'arrangement des différens morceaux, & sur-tout par la forme & le plan général.

Je n'ai pas entrepris cepen-

AVERTISSEMENT.

dant de faire de Quévédo (a) dans cette partie de ses œuvres, un Auteur grave & sérieux. C'eût été leur vouloir faire changer de nature. Il y a même quelques endroits, où, dans la classe de la plaisanterie, les idées ne sont pas aussi nobles qu'elles le pourroient être : il y a des détails de professions méchaniques, qui ne sont pas trop conformes à une certaine délicatesse

―――――

(a) Quévédo a des Ouvrages aussi profonds & aussi solides, que celui-ci est plaisant. Si l'on a lieu de croire, sur cet essai, qu'une lecture durable de cet Auteur puisse plaire dans notre Langue; ce Volume sera le premier Tome d'une traduction suivie, mais toujours avec un certain choix de ses œuvres.

moderne, ni à ce goût qui n'admet que les peintures des mœurs prifes en général, & puifées immédiatement, pour ainfi dire, dans le cœur humain. Mais les penfées & les expreffions de Quévédo font fi plaifantes dans ces endroits, que j'ai cru pouvoir m'écarter un peu de ce goût, dans un genre de compofition, où je ne fuis pas tout-à-fait Auteur.

Je n'ai rien laiffé, du moins avec connoiffance, qui pût bleffer les mœurs en aucune maniere; &, fans me piquer d'un rigorifme fauvage, je me fuis propofé d'édifier en amufant; très-convaincu, par un peu d'ufage du monde, où l'on en voit plus dans un jour

AVERTISSEMENT.

que je n'en laisse dire à Quévédo dans tout son Livre, que

   Des fictions, la vive liberté,
    Peint souvent mieux la fiere Vérité,
   Que ne feroit la froideur monachale
   D'une lugubre & pesante morale.
Rousseau.

VOYAGES
RÉCRÉATIFS
DU CHEVALIER
DE
QUÉVEDO.

LIVRE PREMIER.

Visite des Petites-Maisons de l'Amour.

LES VOYAGEURS passent communément pour menteurs. Je suis persuadé qu'il n'y a point de ré-

A

gle sans exception, en cette matiére, comme en toute autre. Le principe concerne les nobles Avanturiers qui ont porté les armes dans les troupes de tous les Souverains connus, & qui ont fait par-tout des prodiges de valeur; qui ont parcouru les Indes Orientales & Occidentales, les Déserts de l'Afrique & de la Tartarie; qui ont pénétré jusques dans les Etats du Prêtre Jean, du grand & du petit Thibet; qui ont passé & repassé la Ligne, & qui ont fait neuf ou dix fois le tour du monde. Qu'on ne s'attende pas à des détails aussi curieux, en lisant mes voyages: je n'ai jamais aimé à changer d'air. J'aurois craint le froid, en allant du côté du Nord, & j'eusse encore eû plus de sujet de craindre, en exposant ma tête, qui n'est pas des plus saines, aux coups du soleil du Midi. Je ne suis hardi que près de mon foyer, comme les chiens de garde; & je n'ai voyagé que dans nos

Provinces. Que ceux qui aiment le récit des grands événemens, ne me lisent pas : je les en dispense ; je n'aime pas les admirateurs à bouche béante, & à longues oreilles. Tous veulent être goûtés de leurs semblables ; & j'aime mieux plaire à un fou, qu'à mille sots.

En un mot, chacun a son goût : le mien me porta à voyager dans la province de la Manche, & dans le voisinage du Tobozo. De tout temps cette contrée a été célébre par les folies amoureuses de ses habitans. Soit curiosité, soit sympathie, je commençai mes courses par là ; j'eus assez de bon sens pour ne prendre, ni compagnons, ni témoins. Je partis même de nuit, & il n'est pas bien décidé, que je fusse parfaitement éveillé : quoi qu'il en soit, j'entrai dans un bois touffu. Après l'avoir parcouru durant quelque temps, je descendis dans un vallon, ou plutôt dans une gorge très-ferrée, qui après bien des tours, & des détours, debouchoit dans une prairie enchantée.

Pour s'en former tout-d'un-coup une idée, qu'on se représente un lieu plus riant & plus agréable, que n'en ont jamais feint ces Poëtes Ecoliers, qui jettant leur premier feu sur les vallons & sur les ruisseaux, sans être plus coulans, passent ensuite aux Indes, en ravissent tous les tréfors, & en surchargent leurs muses, qui n'en deviennent pas plus riches.

J'apperçus deux ruisseaux, l'un d'eau douce, & l'autre d'eau amére, qui couloient avec ce murmure monotone, qu'on ne se lasse pourtant pas d'entendre, & qui sembloient participer au sentiment que tout respiroit dans ces lieux. L'Amour se servoit de ces différentes eaux pour la trempe de ses fléches, comme je le compris à la manœuvre des ouvriers qui bordoient les rives. A toutes ces marques, je crus pour un moment me trouver dans les célébres jardins de Chypres, & je cherchois déjà cette ruche mémorable, d'où sortit l'abeille téméraire, qui piqua Don Cupidon, & qui donna lieu au tendre Anacréon, de faire une si dévote complainte. Ce qui s'offrit au même instant à mes regards, fortifia cette persuasion : j'apperçus dans le milieu de la prairie un Palais merveilleux, dont le portail étoit d'une architecture élégante & majestueuse, de l'ordre dorique, avec piédestaux, bases, colomnes, corniches, chapitaux, architraves, frises & tous les autres ornemens qui pouvoient embellir une façade. Mille trophées d'amour, ingénieusement imaginés, formoient des bas-reliefs admirables, qui joints à des grotesques amusans, traçoient l'Histoire aux yeux, en décorant le Palais, & représentoient quelque mystére. Sur un bouclier d'une forme bizarre, qui pendoit entre les chapitaux des deux colomnes principales, on avoit gravé ces vers en lettres d'or :

 Voici l'agréable séjour,
 Où le Juge éclairé des graces
 Décerne les premieres places
 Aux cœurs les plus épris d'amour.

La diversité du marbre qui composoit l'édifice, & les couleurs saillantes qu'il rassembloit, frappoient infailliblement la vue de tous les passans. Le Palais étoit vaste ; & les portes en étoient ouvertes à tous ceux qui vouloient y entrer, quoique le nombre en fût infini. Une femme d'une rare beauté faisoit l'office de portiere ; son visage avoit quelque chose de doux, & de majestueux, dont aucun mortel ne pouvoit se défendre ; sa taille élégante, & toutes les parties de son corps, exactement proportionnées, étoient embellies des vêtemens les plus riches, & du meilleur goût: elle étoit telle en un mot; par sa figure & par ses ornemens, qu'elle faisoit sur tous les cœurs la plus vive impression; car une personne mal mise est comme la fausse monnoie, qui n'a de cours que pendant la nuit, ou comme une épée qui ne sçauroit blesser, tandis qu'elle est dans le fourreau. Je m'imaginai que c'étoit la Beauté même, & je crois ne m'être pas trompé. Elle ne refusoit le passage à personne, & personne ne prétendoit à rien de plus, qu'à la voir. Moi qui avois des yeux aussi faits pour ce spectacle, que qui que ce soit, je m'approchai; & profitant de la liberté qu'on accordoit, j'entrai dans la premiere cour: j'y trouvai une multitude infinie de personnes, avec lesquelles je fis d'abord nombre. Toutes étoient si différentes de ce qu'elles avoient été, qu'à peine quelques-unes pouvoient se reconnoître. Leurs vêtemens mêmes & leurs équipages étoient changés, leurs visages devenus mélancoliques, sombres, rêveurs, & d'un jaune à effrayer. Telle est la couleur, qu'Amour fait porter à ses Vassaux, comme dit Ovide dans son *Art d'aimer*, & le Camouens dans sa *Lusiade*.

Je remarquois tout avec attention, quand un homme d'une figure étrange, tout couvert d'yeux & d'oreilles, & très-fin en apparence, fendit la foule. Je lui demandai avec empressément, de peur qu'il ne me prévînt, qui il étoit, & ce qu'il faisoit là. » Pourquoi ces questions inu-
» tiles ? me répondit-il. Vous me
» connoissez fort bien ; & si vous ne
» me connoissiez pas, vous ne seriez
» pas ici. Quoique je contribue beau-
» coup à augmenter le nombre des
» malades & des phrénétiques, que
» voici, je suis leur Gardien : je ne
» sers qu'à les châtier, & non à les
» guérir. Je fais plutôt empirer leur

» mal & paroître leur ignominie,
» comme la peine qu'on prend à
» raccommoder un habit ufé, ne fert
» qu'à montrer davantage la corde. Si
» vous voulez fçavoir ce qui fe paffe
» dans cette maifon, ne m'interrogez
» pas ; c'eft un miracle, quand je dis
» la vérité, puifque j'agis alors contre
» nature, & que je ceffe d'être ce que
» j'étois. Je fuis un grand fabricateur
» de nouvelles, & j'ai toujours mille
» fables à conter; mais voyez vous d'ici
» les appartemens ? Vous n'avez pas
» befoin de guide dans un lieu, où
» vous avez quelque privilége, & bien
» des amis : vous pouvez aller feul. «
Là deffus il me laiffe, & je profite
de la liberté qu'il me donne.

Après avoir traverfé une premiere
cour, où les fous erroient pêle-
mêle, fans qu'on pût diftinguer à la
pifte, comme on dit, quelle étoit la
bête, le premier appartement que
je trouvai, étoit rempli de perfonnes du fexe de toute efpéce. » Il y a
» des femmes en ce lieu ! m'écriai-je,

sans en nommer aucune cependant, & tout attristé de leur sort; non sans raison, puisqu'elles étoient précisément dans le quartier le mieux fermé, & resserrées comme des furieuses. Cependant elles obéissoient avec docilité au Supérieur de la maison, sans réfléchir qu'elles dussent tirer leur guérison des peines qu'il leur faisoit souffrir. L'une se désoloit d'être fille; l'autre brûloit pour un Cavalier qu'elle n'osoit nommer : celle-ci écrivoit une lettre de cinquante doubles, griffonnoit des espéces de lignes qui se croisoient & se recroisoient en tout sens, formées de hieroglyphes, ou de caractéres indéchiffrables, pour avoir occasion de les lire plus souvent & de les méditer plus long-temps. Celle-là demandoit une sérénade à son Galant; ce qui étoit la même chose que de le prier d'annoncer à tout le voisinage qu'il l'aimoit, & d'inviter à son de trompe au triomphe de son amour. L'autre disoit à son Amant, qu'elle étoit son Amante, mais qu'il ne demandât & n'espérât rien de plus: celui-ci répondoit qu'il se conformeroit à son intention; & elle le croyoit.

Quelques-unes vouloient se marier à leurs laquais, d'autres à des hommes mariés; celles-ci étoient renfermées à part, & mises au nombre des incurables. Il y avoit parmi elles des personnes de la premiere qualité, & des prudes des plus fiéres. D'autres ne respiroient que les douceurs & les cajoleries, femmes de lettres, & prétieuses minaudieres, dont la plus grande partie n'étoit occupée qu'à écrire des billets doux; métier où elles étoient passées maîtresses, & qu'elles sanctifioient par les formules d'écritures les plus pieuses, telles que *Dieu vous garde; le Seigneur béniffe l'entreprise*; surtout, quand il s'agissoit de ces lettres larrones & homicides, qui demandoient le cœur ou la bourse, &

qui ne se contentoient que de réponses effectives en bonnes espéces. Car c'est à ce prix que sont les faveurs de ces doucereuses : graces de Jubilé, qu'on ne gagne que par des satisfactions préalables.

Presque toutes les folles de ce quartier parloient sans cesse, la nuit comme le jour ; plusieurs cependant ne s'accusoient que de trop de réserve. Il y en avoit qui étoient passionnées les unes pour les autres ; elles se donnoient le bras pour se promener, se faisoient des cadeaux, & vouloient être aimées sans partage. Elles extravaguoient véritablement : néanmoins on leur laissoit la liberté, parce que cette sorte de folie n'a point de suites. Il y avoit une grande affluence de monde dans cette partie du quartier, parce qu'aucune de celles qui l'habitoient, cherchant sans doute à suppléer à la qualité par le nombre, ne se contentoit pas de moins que de trois ou quatre Amantes. Le mal de ces folles & de toutes celles qui remplissoient le reste de l'appartement, provenoit de l'oisiveté, & du temps employé à jaser plutôt qu'à coudre ; car par-tout où les femmes sont oisives, Amour ne l'est pas, comme l'a dit le bon Petrarque, en décrivant le triomphe de cet enfant malin, & avant lui le rigoriste Sénéque.

Il y en avoit là qui n'étoient pas si folles pour leur intérêt qu'on se l'imaginoit ; & telle sur le seul fond de son air prétieux, touchoit plus de lettres de change qu'aucun Banquier de Gènes, où qu'aucun Traitant de France. Quelques-unes au contraire mettoient beaucoup à la banque, & en tiroient peu : de sorte qu'il n'y avoit aucune égalité ; & elles ne s'appercevoient pas de la friponnerie de l'Amour, qui se décéloit par mille endroits. Dans quelques coins de l'appartement l'on dressoit des tables, & l'on régaloit les pauvres Amans : œuvres pies sans doute, que de repaître ceux qui avoient faim : mais tout se bornoit à une collation plus amére cent fois que coloquinte, qu'il falloit payer bien cher à la fin. Il y en avoit qui craignoient d'être apperçues par celui qui étoit chargé de la visite du quartier, & d'autres qui désiroient la visite de celui qui n'en étoit pas chargé. Les moins folles s'amourachoient du Médecin de la maison; elles inventoient des remedes à leur tour, & fabriquoient des récettes pour faire dégorger le coffre-fort; ou elles apprenoient à saigner la bourse du Chirurgien lui-même. Les unes après avoir dépêché la Commissionnaire, marchoient derriere elle pour presser la marche ; les autres formoient des partis, & faisoient payer les Galans. Il y en avoit de si folles, qu'elles s'étoient mis en tête de se laisser mourir de faim ; & elles tomboient dans des accès de phrénésie plus à craindre que ceux de la rage. Les anciennes, assises sur des canapés, présidoient à cette galére, & s'occupoient à caresser des petits chiens, qui avoient toutes leurs tendresses ; elles les ornoient de colliers, de grelots, & de rubans, de plus de couleurs différentes que les livrées d'une mariée de village. " Quand viendra-t-il un " Thaumaturge nouveau, m'écriai-je " à ce spectacle, pour les guérir d'un " tel mal, & pour nous délivrer nous-" mêmes du double fléau de ces " chiens, & de leurs maîtresses ! " Enfin il y avoit là tant de malades, que tout plaisant qu'étoit leur mal, j'en fus touché de compassion. Ce qui étoit de plus triste encore, c'est que leur Infirmier désespéroit de leur guérison ; parce que leur mal provenant du désir du Sacrement, qui n'arrivoit jamais, il étoit aussi incurable que douloureux.

Je n'osai rester long-temps parmi

ces folles, réfléchissant qu'un homme court bien des risques avec plusieurs d'entre elles ; & que le plus fin a coutume d'en sortir condamné au mariage, & par conséquent à des repentirs aussi longs que la vie ; du moins à souffrir une même femme toute une année, sans espérance de rédemption d'un pareil esclavage. Je ne m'avanturai pas même à m'entretenir avec aucune d'entre elles, de peur qu'elle ne s'imaginât sur le champ que j'en étois amoureux. Ainsi je passai à l'appartement suivant, qui étoit celui des femmes mariées.

Les maris en avoient fait lier plusieurs ; ce qui les empêchoit de faire toutes leurs folies ; mais quelques-unes forçoient leur prison, & alors elles étoient beaucoup plus furieuses que celles à qui on avoit laissé la liberté. Plusieurs alloient çà & là, & paroissoient plus libres, & moins folles que les autres, quoiqu'elles

ne

ne fuſſent que plus libertines. Les unes prenoient à leurs maris, pour donner à d'autres hommes qui en faiſoient de même à leur tour. Les autres, vraies pélerines, faiſoient de très-dévots pélerinages, pour gagner les faveurs de leurs Galants. J'en vis une d'intelligence avec ſon mari, pour vérifier ſes ſoupçons, & qui avoit une complaiſance maligne à lui faire horreur, pour l'éloigner d'elle. Quelques-unes faiſoient des voyages de dévotion, pour ſe rencontrer avec leurs dévots. Celles-ci alloient au bain, & en revenoient plus ſouillées ; celles-là alloient au Confeſſeur, pour trouver le martyr, & de la pénitence revenoient plus pécherefſes. Quelques-unes ſe vengeoient de leurs maris jaloux, en juſtifiant leurs jalouſies ; car perſonne, ſelon Juvénal, Docteur en cette matiere, ne trouve plus de plaiſir à ſe venger d'un ennemi, qu'une femme à ſe venger de son époux. Il y en avoit de tristes & de mélancoliques, comme des Anachoretes, pénitentes sans aucun mérite.

J'en remarquai une, qui aimoit tant son carosse, qu'elle n'en sortoit pas. Je lui en demandai la raison. Elle me répondit d'un grand air de modestie, que c'étoit parce qu'il la déroboit aux yeux des hommes. » Ce pourroit bien être aussi, repli-» quai-je en montant à la portiere, » parce qu'il vous dérobe aux yeux » de votre mari. « A ces mots elle se déroba aux miens, & n'osa plus reparoître. Je ne trouvai point là ces femmes, dont les maris sont éternellement sur mer, ou dans les Indes, toujours occupés d'affaires & de commissions, & qui se prêtant le plus obligeamment du monde aux désirs de leurs épouses, s'éloignent à pas de lévriers, & ne reviennent qu'à pas de tortues. On ne les trouvoit pas ici, parce qu'elles vivoient toutes en personnes libres, & que sortant de leur catégorie, on ne sçavoit quel rang leur donner parmi les différens membres de cette République.

L'appartement suivant étoit celui des révérendes veuves, folles pleines de prudence & d'expérience. Elles étoient dans leurs habits de deuil, le sein exactement couvert de mouchoirs blancs comme neige, qui rendoient leur poitrine semblable à celle des Cygnes, avec un air extrêmement grave & composé, c'est-à-dire très-pesant & très-ennuyeux; & chacune dans sa folie sçachant assez bien l'art de dissimuler, pas assez cependant pour la cacher tout-à-fait. J'en vis une qui tout à la fois pleuroit pour le mari, & rioit pour l'Amant; une autre, folle de ses ajustemens noirs qui étoient les signes de sa liberté, & plus encore de ceux à qui ils plaisoient, cherchoit à réjouir les vi-

B ij

vans plutôt qu'à faire honneur aux morts. J'en apperçus plusieurs, qui s'étoient coëffées en cheveux pour avoir la tête plus libre, & les oreilles plus disposées à entendre les offres qu'on pouvoit leur faire : car on dit, que c'est à cette fin que cette mode a été inventée. Elles avoient d'ailleurs l'extérieur si composé, qu'elles auroient facilement caché leur folie à quiconque ne les eût pas connues : mais il ne manqua pas là de plaisans malins, qui les qualifierent d'Apostates de la viduité, & qui révélerent qu'elles y étoient détenues par l'Inquisition.

D'autres, d'une humeur bien différente, sembloient avoir gagé à qui auroit la coëffe la plus grande. J'en remarquai quelques-unes qui en auroient pû faire une robe traînante, & qui étoient coëffées, ou plutôt capuchonnées, comme la Béguine la plus embéguinée ne le fût jamais. Elles paroissoient au dehors plus tristes & plus sombres que Quatre-temps ou Vigile, & au dedans elles étoient plus gaies que Carême-prenant. J'observai que les veuves à qui la bienséance laissoit la liberté de se promener, étoient les premieres à reprendre de l'amour, quelque fût leur âge & leur gravité.

Il y avoit là plusieurs Dévotes, & des Dévotes de plusieurs, pleines de piété pour les parens, sur-tout au sixiéme dégré, & tenant toujours pieusement le Chapelet en main, pour calculer, sinon des patenôtres, & les trésors qu'elles amassoient pour le Ciel, du moins les biens du voisin, & les œuvres de charité, dont ils devoient être le salaire. Celles-ci étoient des hérétiques en fait d'amour; & la plûpart, pour leur pénitence, étoient condamnées à un jeûne perpétuel; car l'Amour a aussi ses pénitences & son Carême. D'autres portoient des coëffes de crêpe, mais extrêmement fines, au travers desquelles on appercevoit les pompons & les aigrettes. D'autres enfin se coloroient le visage de vermillon, comme si elles eussent senti la raison qu'elles avoient de rougir d'elles-mêmes, & de leur envie ridicule de se marier mille fois, si elles l'eussent pû. A la fin chacune de ces folles restoit au même état, seule avec sa folie. Au reste les veuves étoient les plus insupportables de toutes les folles ; parce que comme il y en avoit peu de jeunes, & que toutes avoient pris l'habitude d'être maîtresses chez elles, il n'en étoit aucune qui ne voulût commander. Ainsi l'Infirmier avoit mille embarras avec elles.

 Fatigué de la confusion qui régnoit parmi ces vieilles indisciplinables, je passai plus loin, & j'entrai dans l'appartement des vierges folles. Celles-ci étoient beaucoup plus libres que toutes les autres ; & c'étoit cette liberté, qui ayant passé jusqu'à leurs cœurs & leurs démarches, faisoit leur folie. Il y en avoit peu de furieuses : encore étoient-elles aisées à guérir; & l'on me dit que c'étoit tous les jours nouveaux visages dans ce quartier, qu'en peu de temps on y parvenoit à la convalescence, & qu'il y avoit beaucoup plus de folles de cette derniere espece dans les petites maisons de l'Intérêt, que dans celles de l'Amour : parce qu'effectivement elles ne donnent pas leur tendresse, mais la vendent, & qu'elles trafiquent de leurs faveurs. J'en vis quelques-unes qui s'y seroient beaucoup plû davantage si elles y eussent vû de la finance, & qui aimoient bien mieux recevoir la main solide de l'Homme d'affaire, que celle du Comte, ou du Baron. Elles eussent voulu que les armoiries de leurs Courtisans fussent toutes au champ d'or, & qu'ils vinssent du pays, où chacun porte

Don pour son premier titre. J'en vis d'autres, tout-à-fait semblables à des détrousseuses de grand chemin, dépouiller l'homme d'honneur pour revêtir un coquin qui, à force de coquineries, étoit devenu brave homme, figuroit honorablement sur ce fond inépuisable, imprimoit le respect ou l'horreur aux hommes, aux Dames l'amour ou la terreur, & imposoit à tout le monde. Folie manifeste, qui croyant faire une œuvre de miséricorde en revêtant les nuds, faisoit une œuvre d'injustice & d'inhumanité en dépouillant les justes possesseurs, de leur propre bien.

Il y avoit encore des folles de l'humeur la plus étrange, éperdument amoureuses d'un Poëte croté, le plus misérable du monde, réduit à attendre le salaire de ses faloteries, avec plus d'impatience qu'une femme enceinte ne soupire après sa délivrance : folles à vingt-quatre caras, elles croyoient leur sort inestimable,

parce-

parce qu'il les faisoit monter tous les jours sur le tréteau, & les transformant en statues enchantées, leur faisoit des cheveux d'or, des dents de perles, & tout le corps de pierres précieuses. Elles n'avoient point de plus grand plaisir, que de grossir de leurs avantures la bibliothéque bleue, que de garnir les banquettes des Quais, & d'être les Héroïnes des Ponts & des Carrefours. Celles qui avoient perdu l'esprit pour quelqu'un de ceux que le monde nomme *Seigneurs*, me révoltérent étrangement. Je remarquai, que loin de guérir elles faisoient paroître tous les jours de plus mauvais symptômes ; qu'elles se diffamoient en voulant vanter le personnage qu'elles faisoient, & les liaisons qu'elles avoient dans le grand monde ; qu'ayant figuré de la sorte, & fait essuyer leurs quintes & leurs boutades au Duc & au Marquis, elles se trouvoient réduites au Maître d'Hôtel, ou au Valet de Chambre, souvent à quelque chose de moins, qui les conduisoit enfin à une maison de force, par grande fortune à quelque couvent, où converties sans conversion, leurs avantures se terminoient à garder la chasteté entre quatre murailles, & l'humilité sous un tablier de cuisine. Quelques-unes vivoient de peu, pour se rendre la taille fine ; & elles l'avoient effectivement si fine, qu'elle pouvoit à peine soutenir leur buste rebondi.

Plusieurs se voloient des années pour se rendre jeunes, & se parjuroient pour ne pas les reprendre ; mais en se prenant des années, elles avoient grand soin de se rendre de bons jours. Plus ces vieilles rajeunies s'ajustoient & se coëffoient d'une maniere coquette, ciroient leurs lévres, meubloient leur bouche de nouvelles dents, recrépissoient leur visage, & en combloient les sillons, plûtôt que les rides; plus on étoit tenté de les prendre pour des ébauches d'albâtre, pour des mortes embaumées, pour une chair trop faisandée, qui n'est propre qu'à éteindre l'appétit. Ainsi avec tout l'attirail de la beauté, elles étoient hideuses, copistes grotesques, ou guenons ridicules des graces de la jeunesse.

J'en vis quelques-unes, vraies physionomistes à avantures, qui alloient trouver l'astrologue, Docteur en lunatisme, pour se faire faire leur horoscope; & le Charlatan céleste, lisant dans les yeux plus que dans les astres, leur en disoit souvent plus qu'elles n'en vouloient sçavoir. D'autres alloient prier quelque Enchanteur de leur faire retrouver certain trésor du plus grand prix, qu'elles avoient perdu dès la fleur de la jeunesse; & celui-ci, après avoir tracé quelques lignes, & proféré quelques mots mystérieux, disoit d'un air inspiré, que trois choses se recouvroient tard, imparfaitement, ou jamais; les richesses tard, la santé imparfaitement, & la pudeur jamais. J'en vis une autre tirer elle-même son horoscope devant son miroir, & lisant dans cet astre, nouvelle Fée, elle tentoit des prodiges contre nature, cherchoit à rehausser sa taille, du moins ses talons, qu'elle rendoit plus grande que ses pieds, faisant ainsi, par impossible, le tout plus grand que la partie.

Un grand nombre se faisoient de nouveaux visages avec des poudres détrempées, & des couleurs d'emprunt; folie la plus visible des folies, puisqu'elles détrompoient par les choses mêmes qu'elles employoient à tromper. Elles trahissoient leur imposture, en mentant non-seulement par la bouche, mais par les joues, par tout le visage, par tous les sens. Telle est la malice de celles-ci, qu'habiles dans l'art de

Soliman ou d'Ismene, elles veulent tuer les hommes par des poudres & des mixtions, plutôt que par leur beauté. Ne parlons pas d'elles davantage : elles se peignent de si fortes couleurs, que tout le monde les reconnoît facilement.

J'en vis une qui pour cacher sa chevelure d'or, tant les femmes sont peu contentes des plus riches présens que leur fait la nature! avoit la tête plutôt plâtrée que poudrée, & à qui l'on pouvoit parfaitement appliquer cette épigramme :

Vous insultez, Inés, à la nature,
En plâtrant l'or de votre chevelure :
Le plâtre, je l'avoue, est quelquefois doré;
Mais sans vous, jamais l'or n'auroit été plâtré.

Il y en avoit qui portoient perruque comme les hommes, pour déguiser leur tête chauve, ou leurs cheveux blancs; & qui sur une tête Espagnole avoient une chevelure Françoise. Combien se mettoient des dents & des sourcils neufs ! on faisoit tout cela secrétement ; mais de quoi servoit-il de se cacher, tandis que la marque de l'ouvrier disoit à tous les yeux ce qui en étoit ? En effet il y en avoit quelques-unes, tellement ornées de plumes étrangeres, qu'elles ravissoient avec la plus grande subtilité, que si on les en eût dépouillées, elles auroient eû le sort ridicule du Géai de la Fable. Plusieurs avoient une vieille guide ratatinée, sortie du cloître ou de la nuée, qui coëffée en veuve, sembloit une tortue en cornettes, & qui servoit de chaperon à leur timide innocence. La bonne abbesse étoit extrêmement révérée, quoi qu'on n'eût voué entre ses mains, ni obéissance, ni chasteté ; & elle disposoit à son gré du cœur de ses filles : il y en avoit très-peu parmi celles-ci, qui respectassent les loix de l'Amour : elles se laissoient débaucher par l'Intérêt, ou par d'autres

Acteurs qu'on ne dit pas. Ainsi les autres les tenoient pour des Schismatiques, qui contrefaisoient les folles, afin d'être renvoyées absoutes. L'amour de celles-ci s'exprimoit comme celui des chats ; car à chaque écu qu'elles voyoient, elles crioient : * *Mio*, *Mio*.

On trouvoit encore dans ce quartier, & près de la porte, celles qui ne méritant pas le nom d'*Iris* ou de *Climene*, ne portoient que celui de *Cateau* ou de *Toinon* ; nymphes en torchons, & qui sentoient encore la marmite mal écurée. Mais Amour est humain, & n'exclud personne de son hôtel. Elles étoient toutes en corset étroit, en cotillons courts, la tête échevelée, & dans un élégant négligé, toujours l'œil frippon, & les bons mots à la bouche. Une d'elles étoit habillée d'une toile de couleur très-naturelle, puisque c'étoit celle du chanvre ; signe

* *Mio*, mot Castillan qui signifie *Mien*.

de ses espérances avortées, & de sa profession actuelle; encore l'étoffe étoit-elle si épargnée, & la manche si étroite, que je ne pus m'empêcher de plaindre la gêne, où devoit être une pécheresse, à qui les larges manches auroient été si convenables. Toutes au reste étoient de la plus belle humeur du monde, riant à son de trompe, folâtrant sans cesse, & chantant avec toute la mélodie d'une roue mal huilée, qui jure sous l'essieu.

Voilà une partie de ce que je vis dans le quartier des folles; le spectacle m'amusoit, & je le considerai long-temps : mais pensant tout-à-coup à ce qui arrive au jeu d'échecs, où les fous prennent souvent les chevaliers, je sortis à la hâte, & presque en fuyant.

Je tombai dans le quartier des hommes, qui est tout près de celui des femmes, un seul mur de division entre deux. C'étoit même la plus grande folie de ceux-ci, que de ne vouloir pas s'éloigner d'elles, quoique dans le fond l'Administrateur eut ainsi disposé les choses à dessein, jugeant que c'étoit le premier remede qu'il convenoit d'employer : mais ils méprisoient Médecins & Médecine, & ils préféroient leur mal à la santé, comme le dit Properce attaqué de cette maladie. Obstinés dans cette erreur, ils portoient le mal à son comble, en croyant bien faire. D'autres, ce qui est encore pire, connoissoient leur tort & ne laissoient pas de continuer ; comme l'avoue Pétrarque, qui sentant les premieres atteintes de ce mal, en fit le sujet de ses chansons, & le prit en plein, ainsi que son confrere Ovide.

Les fous n'étoient pas dans des cellules séparées : les actions d'un chacun annonçoient facilement, sans le secours des écriteaux, à quiconque les examinoit avec un peu d'attention, leurs inclinations, leur foible, & l'article fur lequel chacun d'eux étoit frappé. Combien ne vis-je pas de Galans en broderie, qui n'avoient pas à changer de chemifes ! Combien en Cabriolets, qui ne fçavoient où ils iroient dîner, & qui réfroidiffoient terriblement leurs Dulcinées, en ne leur donnant d'autre régal, que le fpectacle de leurs courfes étourdies ! enforte qu'on pouvoit bien dire dès-lors, comme aujourd'hui : qu'il y a peu de têtes faines en Cabriolets ! Combien, qui n'avoient pas de pain, & que la chair tentoit ! J'en vis un qui voulant fe donner pour amoureux bel-efprit, alloit fe faire dicter des billets doux ; & un malin lui faifoit écrire en ftyle plus léger, qu'il n'étoit qu'un fot. Les autres vouloient qu'on fût épris de leur jolie figure, fiers de leurs beaux cheveux, de leur frifure à la derniere mode, de leurs jambes tournées à leur fantaifie, &

dont ils avoient placé les molets postiches, comme ils avoient voulu ; déguisant en mille manieres quelque chose de pis qu'un homme mal marié ; c'est-à-dire un Diable en pourpoint, qu'on reconnoît toujours à la corne ; & assez sots pour ne pas concevoir que tout mari perd son temps, quand il veut plaire à une femme qui a elle-même la passion de plaire.

Je vis un de ceux-ci, guerrier de l'autre siecle, & guerrier de Cypris, qui ayant tenu ses moustaches en papillottes toute la nuit, plus gêné que le Mulet, qui ne dort pas le frein à la bouche, aussi embarrassé qu'un Ours en museliere, les produisoit ensuite en public sous les aîles d'un vaste chapeau, qui leur servoit de dais. Presque tous portoient le Hausse-col, & avoient la tête environnée de rubans ; ce qui la faisoit paroître comme les petits Anges peints dans les Eglises, avec des aîles fous le menton ; & tout leur corps, comme un Patron de Paroisse, orné par les Dévotes du Village ; ou comme ces figures d'émail, qu'on conserve en boëtes, avec le pourpoint, le collet, & tous les ajustemens à l'antique. Quelques-uns étoient aussi difformes que les plus plaisans Grotesques. La plûpart des fous Damerets étoient poursuivis par des Créanciers ; mais ils trouvoient une sauve-garde assurée dans le chapeau verd qui a la vertu merveilleuse de les rendre supérieurs à des Armées entieres de Records, & qui ne craint, ni corde, ni prison.

Il y eut un de ceux-ci qui me divertit beaucoup : c'étoit un nouveau Narcisse, amoureux de soi-même, au point de se passionner en se voyant au miroir, & d'embrasser son ombre. Content de lui seul, il disoit qu'il étoit bien éloigné de vouloir se marier. Il se croyoit tant de charmes,

qu'il lui paroissoit que les Oiseaux épris de sa figure s'arrêtoient au milieu de leur vol, pour avoir le plaisir de le considérer. Un jour qu'il avoit vû en passant dans la ruë la Mule d'un Médecin, rongeant son frein, ruant, hennissant, & tournant souvent la tête en arriere, il dit à son Valet : « N'as-tu pas re-
» marqué comment toutes les créa-
» tures, jusqu'aux Mules mêmes,
» me font les yeux doux ?

Il y en avoit d'autres, grands amis de la pipe & de la roquille, qui par leur humeur Grenadiere, & en vantant leurs exploits, vouloient inspirer de l'amour, sans réfléchir que la plûpart des femmes sont naturellement mignardes ou peureuses ; & que celles qui affectionnent le plus les armes, n'aiment gueres l'épée, ni le mousquet, mais seulement les drapeaux enrichis de broderies, & les brasselets d'or. Plusieurs de ceux-ci portoient des chapeaux *à la sacré-mon-ame*, & les nommoient *Gabions de la tête*. Ils les tenoient ombragés de panaches, qui étoit tout ce qu'ils avoient de terrible. J'en ouïs un, à qui l'on vouloit faire mettre l'épée à la main, répondre qu'il s'abstenoit par dévotion de se battre trois jours de la semaine, & qu'on étoit heureux de se prendre à lui, un des jours que sa religion gênoit sa valeur. J'en vis plusieurs, qui reclus tout le jour ne sortoient que la nuit, semblables aux Chauves-Souris, & aux Singes de Sorciers, ou plûtôt vrais Chats de gouttieres, dont l'amour nocturne & lunatique ne s'accommode que des ténébres, ou de la sombre lueur de Vénus. J'en vis d'autres qui aimoient précisément, parce qu'ils voyoient aimer. Ils parcouroient les lieux d'Assemblée & de promenade tous les jours de Fêtes, pour y prendre de l'amour, & ils en faisoient des jours d'un travail singulier.

Ils alloient de station en station, comme les pieces d'échecs vont de case en case, sans pouvoir attraper la dame. Parmi eux les uns exprimoient bien des sentimens qu'ils n'avoient pas; d'autres au contraire en avoient beaucoup, qu'ils n'exprimoient pas. Je portai grande compassion à ces fous muets, & je leur eusse volontiers conseillé de s'amouracher de quelque Devine : mais comme les fous n'entendent rien, moins encore les bons conseils qu'autre chose, je les réservai pour moi-même.

Les présomptueux, croyant que l'Amour est comme le tonnerre qui frappe toujours les lieux élevés, brûloient pour des personnes d'un étage si haut, que jamais ils n'y parvenoient. La Cour est pleine de cette sorte d'Amans qui ne se proposent que des Amantes du premier vol, sans autre avantage que leur prétendu mérite peu étoffé, & qui annonce, du plus loin qu'on les voit, qu'ils portent fur eux tout ce qu'ils poſſedent. Les modeſtes, fous de fens & de jugement, indigens pour la plûpart, ſe contentoient de femmes qui ne faiſoient que redoubler leur indigence. Les prodigues s'épuiſoient tous les jours en largeſſes qui ne leur procuroient ni gloire, ni plaiſir; & les lézins procédoient encore plus chimériquement, prétendant ſe procurer l'un & l'autre fans tant de façons.

Il y avoit des fous, auſſi bien que des folles de toutes les claſſes. Les fous mariés avoient leur époufe avec eux. Ils étoient moins furieux que les autres. Le nombre n'en étoit pas grand. Quelques-uns ſe rendoient redoutables pour ſe faire aimer; mais ils ſe trouvoient ſouvent trompés; & contraints de changer bientôt, au lieu de fiers Lions, ce n'étoient plus que de doucereux Agneaux qui devenoient auſſi ſouples

ples, qu'ils avoient été arrogans. Il y en avoit beaucoup de ceux-ci, qui faisant tout ce que vouloient leurs femmes, leur donnoient lieu de ne rien faire de ce qu'eux-mêmes désiroient. Ils disoient pour leurs raisons, que la femme est comme la paille, qui, laissée en plein air, & dans son état naturel, se conserve long-temps; & qui, pliée & resserrée entre les murs, se ruine, & se gâte elle-même; ou comme des oranges de la plus belle apparence, qui pressées, ne rendent que l'amertume dont elles sont pleines.

Quelques-uns faisoient des bonnes amies de leurs femmes, des amies meilleures encore pour eux; quelques autres avoient pour commeres en effet aussi bien que de nom, les meres des enfans dont on ne les croyoit pas peres. Un entre autres répétoit souvent, qu'il n'y avoit rien de plus accablant que de voir une épouse auprès de soi à toute

D

heure & à tout moment ; qu'elle étoit plus insupportable que les catarrhes & que la fiévre chaude ; puisqu'on se délivroit de ces incommodités par le secours de la Médecine, & qu'on ne se délivroit de la femme que par la mort. « Je suis,
» ajoutoit-il, du parti de ceux
» qui se servent toujours du terme
» de *marier*, & non d'*épouser* ; par-
» ce qu'il n'y a rien en effet qui
» expose plus à être marri & repen-
» tant que le mariage, & qu'il n'y
» a point d'étourderie qui soit une
» matiere plus abondante de re-
» grets. Vous connoissez peut-être
» un endroit de Castille, dont le
» nom signifie *épouser* : Jamais je
» n'ai voulu passer par-là, à cause
» du nom seul ; tant j'ai horreur de
» la chose » !

Je prenois plaisir à entendre ce fou, ravi d'apprendre ce qui se passoit entre femme & mari. Je lui représentai cependant, parlant Reli-

gion, que le mariage étoit une image de l'union du Rédempteur avec son Eglise, dont il est le chef; que le mari est pareillement le chef de la femme, & que Dieu, en lui imposant le fardeau de cet état, lui a donné une compagne pour l'aider à en soutenir le poids. « Après tout,
» repris-je, le monde ne peut se
» perpétuer que par la femme, & il
» est bien plus raisonnable de s'atta-
» cher à son bien propre, qu'à un bien
» étranger ; puisqu'il n'y a qu'un
» fou qui néglige son champ, pour
» cultiver celui de son voisin. L'in-
» clination qui nous attache à notre
» propre femme, ajoutai-je, a le
» pouvoir qu'eut ce Roi fameux,
» de changer en or tout ce qu'il tou-
» choit ; & jamais l'on ne s'est rui-
» né plus vîte que par les dissensions
» domestiques. De plus, si les hom-
» mes dissimulent les sottises d'un
» ami, s'ils mettent leur honneur
» & leur courage à supporter, sans

D ij

» s'abattre, les douleurs les plus
» violentes, ou les plus longues in-
» firmités, ne feroient-ils pas en-
» core mieux de souffrir avec la mê-
» me constance, une femme qui
» vient de la main de Dieu, & dans
» le choix de laquelle on ne se
» tromperoit pas, si l'on consultoit la
» voix & les yeux du Public plus que
» les siens propres ? Il faut même
» convenir, que s'il y en a d'aussi
» méchantes qu'on dit, c'est sou-
» vent par la faute de leurs maris,
» qui ne leur fournissent pas ce qui
» convient à leur état. Car une fem-
» me dans le besoin est comme une
» Place dépourvue de munitions,
» & à demi ruinée. Mari qui néglige
» sa femme, néglige son honneur;
» & qui va chercher fortune dans
» la maison de la voisine, enhardit
» le larron à venir à la sienne, com-
» me à un bien abandonné. Ne se-
» riez-vous pas, repris-je, du nom-
» bre de ceux qui reçoivent le ma-

» riage, & non le Sacrement; &
» qui prenant le cheval, abandon-
» nent la charge qu'il portoit? J'ai
» vû très-peu d'époux, qui n'ayent été
» qu'un cœur, comme ils n'étoient
» qu'une chair, d'aussi bonne intel-
» ligence dans les peines que dans
» les plaisirs, & lorsqu'ils avoient
» la liberté d'époux, que quand ils
» avoient les désirs d'Amans. D'où
» je conclus en finissant mon Ser-
» mon, dont vous profiterez autant
» & aussi peu qu'il vous plaira, que
» les mariages d'aujourd'hui ne sont
» que des contrats d'adjudication,
» où il ne s'agit que de vendre &
» d'acheter, pour lever boutique
» ensuite, & se tromper l'un l'au-
» tre ». C'est ainsi que je moralisois
ce fou, en cela aussi fou que lui.
Mais lorsqu'il est question des femmes, j'ai peine à tarir. Je lui fis
encore le récit de ce qui arriva à
deux époux le premier soir de leurs
nôces: « Ma chere ame, dit le

» mari, nous ne faisons qu'un à pré-
» sent ; il ne convient plus de rien
» déguiser « ; & démontant sa mâ-
choire, il mit ses dents postiches
sur une table. » Mon petit cœur, ré-
» pondit l'épouse, ravie d'être pré-
» venue, vous ne m'aimerez pas
» moins pour un œil qui me man-
» que «. Elle déboëte à l'instant un
de ses yeux, qui étoit de crystal,
ne pouvant, contre la coutume,
dormir tranquillement, que l'œil
ouvert. Tout ceci prouve clairement, que par-tout où il y a trop
de liberté, il ne peut y avoir d'a-
grément durable.

La chose étant ainsi, je me trouve parfaitement comme je suis,
jeune, exempt d'une compagne assi-
due & fatiguante. Si par hazard je
m'oubliois jusqu'à prétendre aux
plaisirs de cet état, sans en avoir
embrassé les peines ; malgré ma
petite taille & mon peu de mine,
qui m'en empêcheroit ? J'y risque

le salut de mon ame, mais non celui de ma tête. Je reconnois que la premiere est la plus précieuse, & qu'il n'y a point de comparaison à faire entre l'une & l'autre : cependant l'une se guérit par la Confession & pendant la vie; mais l'autre par l'Extrême-Onction seulement, ou par la mort. Dieu me préserve des femmes de longue vie ! Le Diable en cornette seroit moins à craindre ; & la plus simple d'entre elles dupperoit en badinant une légion de Catons, ou si vous voulez, de Démons.

Qui me dira, pourquoi les troubles & la guerre suivent la bénédiction du Ciel, & le signal de la Paix ? Mais qui ne connoît le génie & la nature des femmes ? Si vous ne les aimez pas, elles vous font passer pour un sot; & pour un fat, si vous les aimez; si vous les cédez à un Rival, pour un lâche; & pour un étourdi, si vous les disputez; si vous les estimez, elles vous dédaignent; si vous les respectez, elles vous deviennent à charge ; si vous les recherchèz , elles vous fuyent ; si vous les dédaignez , elle vous importunent ; si vous les fréquentez , elles vous diffament ; si vous les évitez, elles vous rendent ridicule. En un mot, vû les mœurs du temps, le nom abject d'*Esclave* vaut mieux que le titre risible d'*Epoux*.

Voulez-vous en être convaincu ? Ecoutez ce qu'un Auteur grave rapporte d'un Sage interrogé par un autre , quand il étoit expedient à l'homme de se marier ; il lui répondit qu'il étoit trop tôt , quand on étoit jeune, & quand on étoit vieux, qu'il étoit trop tard. Un autre a mieux dit encore , quoiqu'en termes plus durs, qu'il n'avoit jamais vû qu'une bonne femme, pendue à un pommier ; qu'elle lui paroissoit en cet état un très-bon fruit, & qu'elle payoit d'une maniere bien convenable

nable le mal que l'espèce nous fait depuis si long-temps. Il ne pouvoit souffrir, ni le sexe, ni les hommes qui ont fait des Loix en sa faveur. En effet, pourquoi nous soumettre à tant de conditions onéreuses ? Il faudra donc que j'aime une femme quoique laide ; que j'essuye ses hauteurs, si elle est riche ; que je me ruine, si elle est pauvre ; que je l'observe, si elle est belle : parce qu'elle ne sçait, ni aimer, ni haïr avec mesure.

Je ne suis nullement surpris de la façon de penser de ces deux Philosophes chargés d'années & de science, & d'une expérience consommée. L'un disoit qu'il ne vouloit pas se marier de bonne heure, parce qu'il vouloit attendre qu'il connût mieux le monde ; & l'autre lui répliquoit qu'il avoit tort, parce que s'il apprenoit ce que c'étoit que la femme, il ne se marieroit jamais. J'omets mille autres témoignages,

& je finis par ce que dit un jour Platon, en régalant un de ses amis, que la femme étoit comme le lierre qui attaché au corps d'un grand arbre soutient la verdure & la fraîcheur, & qui se flétrit dès qu'il en est séparé. Il ajoutoit avec encore plus de raison, qu'il gâtoit les murs auxquels il s'attachoit.

Pardonnez, sexe délicat & vindicatif, cette longue sortie & ces comparaisons odieuses ; & pour que l'amertume de votre ressentiment ne vous fasse pas conspirer toutes ensemble contre un nouveau Penthée ; pour ne pas renvoyer toutes mes Auditrices sans consolation, je dis qu'il n'y a point de régle sans exception ; qu'il y aura, chaque siécle, une bonne femme qui, aussi réellement aimable qu'en apparence, pourra dire comme l'Epouse de Marc-Auréle: La femme de bonne vie ne doit pas avoir un homme de mauvaise langue. Je m'offre donc en satisfaction, d'abandonner alors ma langue à la discrétion des vôtres, ou même à la cruauté de vos poinçons & de vos ciseaux. J'acheterai volontiers une bonne femme au prix de ce que le Sage de Phrygie appelloit la meilleure partie de l'animal. Mais enfin rassurez-vous ; tout ce que je puis dire ne diminuera pas d'un seul le nombre des fous amoureux, & ne fera pas même qu'il y ait un seul Epoux de moins.

C'est trop long-temps m'occuper d'une seule classe. Je vis les veufs, & j'en remarquai beaucoup qui étourdis de l'orage à peine passé, cherchoient le port ou la porte de la premiere femme qui voudroit les recevoir. Plusieurs se remarioient, en mesurant le temps & les bienséances à leur impatience. Il y en avoit d'autres qui, sous les vêtemens les plus funèbres du premier deuil, avoient une ame fort réjouie ; qui, avant que la Défunte fût portée en terre, avant même qu'elle fût tirée du lit nuptial, avoient déja une autre Epouse toute prête, qui avoit été la bonne amie de la morte, & qui alloit la devenir hautement du vivant; &, comme regret de femme morte ne va pas plus loin que la porte, & quelquefois moins loin encore, il se trouvoit dès le lendemain remarié à une petite femme, ou fille de chambre, peu fêtée le jour cependant, afin que l'union fût plus tranquille & plus durable. Je dirois volontiers de ceux-ci, qu'ils font plutôt phrénétiques qu'amans; puisqu'ayant évité une fois la mort, ils y retournent en retournant à des engagemens qui ne se rompent que par elle, & qui leur causent quelquefois des maux & des embarras de tête plus à craindre que la mort. Pour ces fous capables dans un âge avancé d'une extravagance qui n'est pardonnable qu'aux enfans, je serois d'avis qu'on les traitât comme les voleurs à qui l'on coupoit les oreilles la premiere fois qu'ils étoient pris, afin de les pendre sans autre information, s'ils recommençoient à voler.

Après avoir vû le quartier des maris & des veufs, je demandai où étoit celui des garçons; mais on me dit qu'ils n'en avoient point de particulier. Ils erroient de tout côté, cherchoient fortune par tout, & s'attachoient à tout; semblables à ce fameux Galaor, qui ne voyoit aucune femme qui ne lui plût, ne fût-elle que de marbre ou en peinture. Ici les cœurs se donnoient; là on les prenoit. Je vis mille gueux très-bien partagés, & une infinité de misérables à bonnes avantures. Il y en avoit qui étoient devenus si stupides, qu'ils paroissoient plutôt des brutes que des hommes; aussi rampoient-ils sur la terre, haves & défaits, décharnés à force d'être charnels, languissans, demi-morts, les traits tels que les Antiques, ou comme un Lazare dans la sépulture ; enforte qu'on pouvoit demander aux Marthes & aux Magdeleines : Où les avez-vous mis pour les défigurer de la sorte ? Ce qui m'étonna le plus en voyant le nombre prodigieux de ces foux, c'est qu'aucun d'eux ne nioit qu'il le fût, & ne cessoit de le vouloir être.

Les plus extravagans de la troupe, Musiciens de profession, faisoient retentir leurs instrumens langoureux en cherchant leurs Belles, & chantoient en marchant, comme s'ils eussent fait le pélerinage de Galice. Et le pis est qu'ils chantoient avec autant d'opiniâtreté que de dissonance, d'une maniere à épouvanter. Car un mauvais Musicien feroit fuir jusqu'aux chats des goutieres, principalement s'il est long à prendre le ton, & à monter toutes ses cordes. Je crois que qui a la patience de l'entendre, pourroit recevoir dix lavemens de suite sans besoin.

Il y avoit des Poëtes amoureux, ainsi que des Folles amoureuses des Poëtes. Dignes émules des Musiciens ; ils étoient comme eux distribués en plusieurs classes, tous mourans de faim, se rongeant les ongles, & si voraces qu'on pouvoit les appeller *Fous de rapine* ; ils invoquoient de temps en temps les Muses : mais les Pucelles sçavantes étoient trop fiéres pour des Courtisans de cette espéce. Ce qu'il y avoit de plus plaisant, c'est qu'avec leur manie pour les vers, ils faisoient profession de mépriser ceux des Poëtes les plus célébres. Je ne m'arrêtai pas longtemps en cet endroit, parce qu'il y puoit d'une maniere horrible. La raison en étoit, qu'un de ces Poëtes ayant voulu boire à la fontaine d'Hyppocrêne, quelque Muse polissonne, pensant le favoriser assez, en gâta les eaux : qu'on devine comment. Je me divertis beaucoup à voir ces plaisans personnages faire leurs patronnes de celles qui n'aimoient pas leurs Dévots, & célébrer des Graces qui leur faisoient connoître clairement qu'ils ne leur étoient nullement gracieux.

Les amoureux transis alloient & revenoient, perpétuellement occupés de leurs Belles; ils couroient les rues le jour, s'arrêtoient sous leurs fenêtres la nuit. Les uns parloient aux servantes, pour être introduits en qualité de valets; les autres graissoient la main aux surveillantes, pour être admis aux priviléges des surveillans; tous avoient les mains pleines de lettres & de billets, & ils étoient aussi chargés d'anneaux, de rubans, de colliers, que des Chinquailliers Savoyards. Il y avoit un de ces fous, qui n'avoit jamais dit un mot à sa maîtresse, & qui ne la pouvoit voir qu'à certaines Fêtes de l'année, telles que la nuit de

Noël, ou du Jeudi Saint ; encore tout ce qu'il pouvoit obtenir alors, étoit de lui parler par signes comme un muet, réduit à ruminer en lui-même ses projets chimériques, semblable à un mulet bridé qui voit le foin au ratelier. Il y en avoit tels, qu'une servante rusée les jouoit des six années entieres par des billets de sa main, qui étoient pour elle autant de bonnes lettres de change.

Les amans des chanoinesses ou des pensionnaires de monastére tenoient beaucoup de l'imbécillité, un peu du goût de la vertu ; mais les autres fous appelloient ceux-ci *Bourdons de l'Amour*, qui voltigent autour des ruches sans y entrer. En en effet, ils tournoient sans cesse au tour de l'enclos du couvent; ils alloient à toutes les Messes qu'on y disoit : ce qui est à peu près tout ce qu'on peut prétendre dans ce genre de folie. Ils épioient tantôt les sempiternelles qui servoient la maison, tantôt les jeunes Tourières, un peu plus traitables, & ils faisoient eux-mêmes toutes sortes de tours & de personnages : mais les rudes épreuves de cette espéce de noviciat ne les avançoient pas davantage pour la profession. J'en vis un, le front tout marqué des grilles du parloir, où il étoit si constamment attaché, qu'on pouvoit lui appliquer ce qui a été dit d'Abénamar : *Pris à la herse qu'il vouloit saisir.* ...

Les foux épris des personnes mariées affectoient un grand air de réserve ; se faisoient amis intimes des maris, ou tâchoient de leur être parfaitement inconnus. Mais le plus souvent ils ne cachoient leur jeu qu'à ceux qui ne vouloient pas les voir. On avoit cependant des déférences infinies pour eux, & de si grands ménagemens, qu'il étoit bien rare que personne mourût de ce mal. Ils avoient la liberté de donner des fêtes à la campagne ; ils étoient maîtres abſolus dans les partis de promenade & dans les rendez-vous de Comédie, & le Seigneur Epoux, honnête homme d'ailleurs & bon croyant, ne manquoit pas d'une amie qui l'emmenât de ſon côté.

Il y avoit deux ſortes de foux parmi les Amans des Veuves : les uns n'étoient point aimés, & ſe mettoient en eſclavage à pure perte ; les autres au contraire, que je ne qualifierois pas de foux (ſi l'on pouvoit aimer ſans l'être) tiroient plus d'avantage de leur inclination, que de la plus riche femme, & ils n'étoient jamais troublés dans leur bonheur, que par quelques freres ou neveux de la veuve, qui craignoient ſon mariage. Les foux paſſionnés pour les perſonnes libres, étoient ceux qui paroiſſoient ſouffrir le plus. Ils étoient pâles, maigres, & deſſéchés, ſi exténués, qu'on les eût pris pour des grillons qui ne ſont ni chair ni poisson : la plûpart étoient des jouvençeaux du voisinage, d'abord Galans à joujous, puis rodomons & ferrailleurs. Il y en avoit d'autres à leur côté, qui paroissoient plus gays & plus contents : c'étoient ceux qui employoient à leurs conquêtes l'amour & l'argent tout ensemble, & qui parconséquent manquoient rarement leur coup, puisqu'ils étoient doublement armés ; & que pour ces Princesses il ne peut y avoir d'armes offensives plus triomphantes que celles d'or, comme il n'y a point de meilleurs écus que ceux de la grande forme. Les Etrangers fondoient toutes leurs espéces pour cette guerre; les Patriotes les prennoient pour dupes, & croyoient avoir plus de priviléges : les Belles se moquoient des uns & des autres.

Je terminai là mes observations ; & tandis que je marchois lentement, regardant de toute part pour découvrir quelque nouvel appartement, je me trouvai sans y penser hors du vaste enclos qui renfermoit tant de choses amusantes. On ne quitte qu'à regret ses semblables. Le chagrin s'empara de moi quand je me vis hors de ce séjour agréable. Ce fut bien pis, quand voulant y rentrer, il ne me fut jamais possible. Je ne pus même le revoir, quoique je portasse les yeux de tous côtés; & il parut anéanti pour moi. Les efforts que je fis inutilement, me causerent à la fin beaucoup d'impatience. J'avançai au hasard, rêveur, chagrin, & de l'humeur de ces personnes qui s'en prennent au premier objet qu'elles rencontrent, de tout ce qui contredit leur caprice. Ce contre-temps me fut plus utile que ce que je prétendois, j'eus l'avantage inestimable de voir le monde à découvert & sans voile.

VOYAGES
RÉCRÉATIFS
DU CHEVALIER
DE
QUÉVEDO.

LIVRE SECOND.

Le Spectacle du Monde dévoilé.

J'Allois d'écarts en écarts, sans remarquer dans l'émotion qui me troubloit, ce qui étoit autour de moi. Tout-à-coup j'entendis des

voix confuses qui m'appelloient ; & je me sentis fortement tirer par le manteau. Je tournai brusquement la tête. C'étoit un vieillard vénérable qu'on avoit indignement maltraité. Ses habits souillés étoient déchirés de toute part ; il conservoit malgré cela un air majestueux qui inspiroit le respect. » Qui es-tu, lui dis-
» je cependant avec une vivacité
» offensante, toi qui te déclares
» l'ennemi juré de mes plaisirs ?
» Vous autres vieux, vous condamnez
» dans la jeunesse des amusemens
» que vous ne quittez pas, mais que
» le tems vous enleve de force. Tu
» es sur le retour, je commence ma
» carriere ; c'est à mon tour de jouir.
» Mais qui es-tu encore une fois ?
» D'où viens-tu, & de quel droit
» t'ingeres-tu à me contredire » ?
Le vieillard dissimula son chagrin, & me répondit en souriant : » Je ne
» prétends troubler, ni ne t'envie

» des plaisirs qui n'excitent que ma
» pitié. Tu veux sçavoir qui je suis,
» l'état & le mauvais équipage où tu
» me vois, disent assez que je suis un
» homme de bien, porté à dire la vé-
» rité ; & le plus grand malheur pour
» toi est de ne m'avoir pas fréquenté
» jusqu'à présent. Je m'appelle *Di-*
» *sant-vrai.* Ces habits déchirés sont
» l'ouvrage de ceux qui me tirent à
» eux ; ces meurtrissures sont l'effet
» des mauvais traitemens qu'ils me
» font si-tôt que je me présente, & la
» preuve de leurs sentimens réels.
» Car vous dites tous dans le monde
» que vous aimez la Vérité ; & dès
» qu'on vous la dit, les uns se livrent
» au désespoir, les autres s'empor-
» tent contre ceux qui la disent ; le
» meilleur accueil qu'on leur fasse,
» est de se contenter de ne pas les
» croire. Si tu es plus sensé, & que tu
» veuilles véritablement connoître
» le monde, suis-moi ; je te menerai
» dans

» dans un endroit où tu le verras tel
» qu'il eſt; au lieu que tu n'en as ja-
» mais vû que les apparences. «

» Comment appelle-t-on, lui dis-
» je, cet endroit merveilleux ? On
» lui donne, répliqua-t-il, bien des
» noms différens; mais le plus conve-
» nable eſt le *Rendez-vous de l'impo-*
» *ſture.* Entre les hommes, il y en a
» qui en ſont Habitans ordinaires; il
» y en a qui n'y ſont que paſſagers :
» mais il n'eſt preſque perſonne qui
» n'y ait, ſinon une maiſon, du
» moins une chambre, ou un cabi-
» net. Nous avancions tout en parlant; & nous n'avions pas encore
fait beaucoup de chemin, qu'il m'in-
terrompit pour me faire regarder
autour de moi. »Remarques-tu, me
» dit-il, cet homme ſi bien mis ?
» C'eſt un impoſteur qui ſe nourrit en
» Artiſan, & qui s'habille en Gen-
» til-homme : le Dimanche ſous l'or
» & la ſoie, il ſe défigure tellement,
» qu'il étonneroit juſqu'à ſon aulne &

F

» ſes ciſeaux, en rentrant dans ſa bou-
» tique, & qu'il y ſeroit méconnoiſ-
» ſable. N'aurois-tu pas crû lui faire
» tort, en le jugeant d'une profeſſion
» méchanique ? Vois-tu ce ſimple
» Gentil-homme, à côté de ce grand
» perſonnage qui a tout l'équipage
» d'un homme de qualité ? Le pre-
» mier, au lieu de ſe meſurer à ſon
» revenu, & de marcher ſans ſuite,
» n'eſt qu'un impoſteur qui, pour pa-
» roître ce qu'il n'eſt pas, veut ſuivre
» les gens du premier vol. Pour ſou-
» tenir l'honneur qu'il met à avoir
» beaucoup de Laquais, il néglige
» celui qu'il y a à ne point voler ſes
» créanciers, & à tenir ſa parole.

» Diſons tout en deux mots : per-
» ſonne n'eſt ce qu'il paroît. Le No-
» ble s'endette pour paroître Grand.
» Le Grand introduit chez lui tout le
» cérémonial des Souverains. Que di-
» rai-je des précieux ridicules ? Vois-
» tu cet important ? Ce n'eſt qu'un
» ſot qui, pour ſe donner un air de

» bel-esprit, dit qu'il a peu de mé-
» moire, se plaint de la migraine &
» des vapeurs, affecte de l'humeur,
» de la distraction, & un certain dé-
» rangement dans tout ce qu'il fait ;
» enfin c'est un imposteur, qui veut
» paroître n'avoir que de grandes
» pensées, & qui n'a pas le sens com-
» mun. Ces imposteurs barbons, ra-
» jeunis par les Baigneurs qui ont
» bruni leur poil & leurs sourcils,
» se mettent à la torture, pour sou-
» tenir cet air de jeunesse. Ne voit-
» on pas les enfans aspirer à l'hon-
» neur de donner des conseils? Enfin
» tout n'est qu'imposture.

» Il n'y en a point même de plus
» sensible que dans le nom des cho-
» ses. Le Savetier se dit *Cordonnier*
» *en vieux*, la Ravaudeuse se dit *Cou-*
» *turiere* ; le Galopin, *Postillon*
» *Royal* ; le Crocheteur, *Commis-*
» *sionare* ; le Porteur-de-Balle, *Mar-*
» *chand* ; & le moindre Clinquailler,
» *Marchand Magasinier*. L'Huis-

» sier se nomme *Membre de la Ju-*
» *stice;* le Bourreau s'en dit *Officier ;*
» le Joueur fripon se dit *fin Joueur ;*
» le Gargotier, *Aubergiste ;* les Filles
» de joie, des *Créatures charmantes ;*
» les Femmes trop libres, *des per-*
» *sonnes qui ont l'usage du monde ;*
» & les Maris commodes, *des hom-*
» *mes de tête.* On nomme le liberti-
» nage, *galanterie ;* le concubinage,
» *amitié ;* l'usure, *commerce ;* la fri-
» ponnerie, *industrie;* le mensonge,
» *plaisanterie ;* la méchanceté, *badi-*
» *nerie ;* les traits de coquins les plus
» réfléchis, *bévûes ou méprises,* &
» l'impudence, *hardiesse.* L'Avantu-
» rier se donne pour un homme ha-
» bile & prévenant ; le Morisque
» avoue tout au plus qu'il est basané;
» le Clerc s'érigeroit volontiers en
» Consultant, & le moindre *Frater* en
» Docteur. Entre eux, tous tant qu'ils
» sont, aucun n'est, ni ce qu'il se dit,
» ni ce qu'il paroît : tous sont impo-
» steurs par leurs noms & par leurs

» actions. Quelle imposture conti-
» nuelle, que certaines qualifications
» générales qu'on donne sans exce-
» ption à tout le monde! On appelle
» *Dame*, toute femme de la moindre
» conséquence; *Révérend Pere*, tout
» homme en froc; *Serviteur du Roi*,
» tout ce qui a l'uniforme; tout Co-
» piste, *Sécretaire*; *Seigneur*, tout ce
» qui fait figure; & tout ce qui porte
» épomide, *Docteur*. De sorte que
» tout l'homme n'est qu'un menson-
» ge perpétuel qui te joue de quel-
» que côté que tu l'envisages; à moins
» qu'ignorant au point où tu l'es, tu
» ne sentes la nécessité de t'en rap-
» porter à ceux qui ont plus d'expé-
» rience que toi.

» Rappelles-toi les différentes es-
» peces de péchés, tels que la colere,
» l'amour des plaisirs, l'avarice, la
» vanité & bien d'autres: tous ne sont
» qu'impostures. Le propos m'étonna:
» Comment, repartis-je, prouver
» ce paradoxe, puisqu'il est constant

» que les vices sont en grand nom-
» bre, & fort distingués entre eux » ?
Il me répliqua : » Je ne suis pas sur-
» pris de ton ignorance, elle t'est
» commune avec bien d'autres. En-
» tends-moi donc ; tu comprendras
» facilement ce qui paroît d'abord
» étrange, & ce qui s'explique néan-
» moins parfaitement. Tous les pé-
» chés sont autant de maux ; tu en
» conviens ; & tu conviendras aussi
» aisément, que la volonté ne se por-
» te au mal que sous quelque couleur
» de bien. Or, est-il une imposture
» plus manifeste, que de se revêtir
» des dehors du bien pour entraîner
» dans la plus mortelle illusion? L'im-
» posteur est le plus téméraire des pé-
» cheurs. Les autres pécheurs offen-
» sent effectivement l'Auteur de leur
» existence ; mais ils ne le chargent
» pas de leurs péchés : celui-ci offense
» Dieu par ses crimes, & entreprend
» de les faire retomber sur lui ; puis-
» qu'il tâche de l'en faire l'instru-
» ment & le complice. «

Je commençois à trouver cette morale trop relevée pour moi, & un peu longue, quand nous arrivâmes enfin où nous prétendions. Je vis auſſi-tôt le concours étonnant du monde que le vieillard m'avoit promis. Il me fit prendre un poſte favorable pour remarquer aiſément tout ce qui ſe paſſoit. Ce fut d'abord un enterrement dont voici l'ordre: La marche étoit ouverte par certains coquins qui, engaînés dans des houppelandes de toutes couleurs, paroiſſoient autant d'Arlequins en deuil. L'eſcouade faiſoit force encenſemens, & grand bruit avec des clochettes. Suivoient les Menins de la mort, ou les Pages de la biere; c'eſt-à-dire les enfans de l'Hôpital, qui s'amuſoient du réjouiſſant cliquetis des têtes de mort qu'ils portoient. Sur leurs pas marchoient douze gueux, vrais eſcrocs d'aumônes, & impoſteurs en fait de pauvreté, accompagnant le corps, chacun une torche en main ; ils fervoient d'efcorte aux Meſſagers de la mort qui lui portoient ſa proie, & qui, pliant ſous la charge, annonçoient la corpulence de la défunte à tous les paſſans. On appercevoit enſuite une longue proceſſion d'amis qui partageoient le deuil & le chagrin du veuf.

Lui-même couvert d'un froc énorme, la tête abîmée dans un profond capuchon de ſerge, emmailloté dans une robe immenſe, le viſage ombragé des vaſtes aîles d'un chapeau antique rabattu ſur ſes yeux, marchoit peſamment, courbé ſous le faix, & retenu par l'embarras de dix-huit aulnes d'étoffes, qui balayoient la terre derriere lui. A ce ſpectacle, touché de compaſſion : « Epouſe fortunée, m'écriai-je, ſi » l'on peut l'être en mourant, vous » avez trouvé un mari dont la fidé- » lité & la tendreſſe vous accompa- » gnent au de-là de la mort ! Et toi
» auſſi,

» aussi, veuf heureux d'avoir des
» amis, qui, non-seulement partagent
» ta douleur, mais qui paroissent
» la surpasser ! Quelle tristesse que
» la leur, & quel accablement ! »

Le Vieillard, branlant malignement la tête. » Toute cette tristesse,
» dit-il, est forcée, & n'est qu'un
» faux semblant. Dans le moment tu
» verras la chose au naturel, & com-
» ment la réalité dément les apparen-
» ces. Que sert cet éclat de flam-
» beaux, ce bruit des cloches, ces
» habits lugubres, toute cette suite
» & cet attirail, aussi bien que ces
» superbes inscriptions gravées sur
» des monumens qui ne renferment
» que vers & que cendre ? Vois-tu ces
» pieux estaffiers qui environnent la
» biere ? Ce n'est pas pour lui faire
» honneur ; ce sont des vautours affa-
» més qui emportent la premiere part
» de la proie de la mort ; puisqu'avant
» qu'elle y touchât, il n'en est aucun
» qui ne lui ait porté quelque coup de

» ses serres avides, & qui n'en ait
» arraché quelques réaux. Pour la tris-
» tesse des amis, elle consiste seule-
» ment à se trouver à l'enterrement,
» & ceux qu'on invite, n'y viennent
» qu'en maudissant ceux qui les ont
» invités ; parce qu'ils aimeroient
» beaucoup mieux se trouver à quelque
» rendez-vous, où vaquer à leurs af-
» faires. Le beau régal, disent-ils,
» qu'un enterrement pour y inviter
» des amis ! Cela est bon pour les Son-
» neurs, & pour les Prêtres. Maudits
» soient les premiers fainéans, qui se
» sont mis en tête d'y avoir Compa-
» gnie ! Le veuf lui-même n'est pas
» chagrin de la mort de sa femme ;
» mais de ce que, pouvant aussi-bien
» l'enterrer sans cérémonie & sans
» dépense, il faille tant de mouve-
» ment, & tant d'appareil ; tant pour
» la sonnerie, tant pour le convoi,
» tant pour les grandes Messes, & pour
» le luminaire. Il dit entre ses dents
» qu'il ne lui a gueres d'obligation,

» & qu'il aimeroit autant qu'elle ne
» fût pas morte; qu'au moins, en fai-
» fant tant que de mourir, elle au-
» roit pû le faire fubitement, fans le
» ruiner en médecines, en potions,
» en faignées, en parties d'Apoticaire
» de toutes les efpéces. Il a déja en-
» terré deux femmes outre celle-ci;
» & il a tant de plaifir à devenir
» veuf, qu'il trace dès ce moment le
» plan d'un nouveau mariage avec
» une autre, dont il connoît affez
» l'honneur & la vertu, pour compter
» qu'elle fe prêtera officieufement à
» lui faire quitter dans peu de temps
» le crêpe & les pleureufes «.

Je fus étrangement furpris de ce que j'entendois, & de ce que je voyois. » Que les chofes du monde,
» difois-je, font différentes de ce
» qu'elles paroiffent ! Dès ce mo-
» ment, mes yeux perdent tout le
» crédit qu'ils avoient fur moi; &
» rien déformais ne me fera plus
» incroyable que ce que je verrai «.

Ces réflexions furent bien-tôt troublées par le bruit que l'on entendoit dans une maison voisine. Nous entrâmes pour voir ce que c'étoit ; & au moment qu'on nous vit, l'on entonnna une lamentation à six voix de femmes qui accompagnoient celle d'une jeune veuve. Douleur aussi démonstrative que peu sincere. On battoit des mains par intervalle avec un bruit pareil à celui des flagellans. On entendoit de longs soupirs, entre-coupés de sanglots forcés & artificiels. La maison étoit démeublée, tous les murs dépouillés, la pauvre affligée enfoncée dans une chambre obscure, où elle pleuroit à tâtons. Ses compagnes lui disoient : » Chere amie, les larmes » ne remédient à rien «. D'autres ajoûtoient : » Il est sûrement en Pa-» radis «. Celle-ci l'exhortoit à se conformer à la volonté de Dieu. Alors la triste veuve tiroit son mouchoir, & pleurant à seau, » Que

» veux-je encore faire, difoit-elle,
» dans la vie fans lui ? Que je fuis
» malheureufe ! Il n'y a plus perfon-
» ne dans le monde qui puiffe me
» faire plaifir ! Qui protégera une
» pauvre femme abandonnée « ?
Toutes ici la fecondant, heurloient
à pleine tête, fe lamentoient avec
un bruit qui faifoit trembler la maifon.

Le Vieillard malin eut beau me dire que le chagrin faifoit vivre les femmes, & qu'elles fe purgeoient par les yeux de la malignité de leurs humeurs ; je ne pus m'empêcher de m'attendrir, & de m'écrier : » Quel
» objet plus digne de compaffion
» qu'une veuve ! Toute femme eft dé-
» pourvue de force & d'appui ; mais
» une veuve l'eft bien plus que les au-
» tres. Son nom feul, qui en Hébreu
» fignifie *muette*, en eft la preuve.
» Elle n'a ni affurance pour parler el-
» le-même, ni perfonne qui parle pour
» elle. Que fi l'abandon où elle fe

» trouve, la force à prendre la pa-
» role, comme on ne l'écoute pas,
» c'est la même chose que si elle
» étoit muette, & encore pire «.

» Bon, dit le vieillard, le remede
» est facile. Elles entrent dans quel-
» que bonne maison avec le titre de
» personne de compagnie, mais
» avec la qualité réelle d'espionnes
» & de délatrices. Dans cette place,
» elles parlent tant, que ce qu'elles
» disent de trop pourroit fournir au
» défaut de tous les begues & de tous
» les muets. Connoissez-les bien :
» elles ne pleurent leur mari, que
» quand on les porte en terre, &
» qu'il n'est plus en état de les gêner
» & de les observer. Elles ne l'ai-
» ment que mort, elles le détestent
» vivant «. » C'est - là, répondis-je,
» un trait malin qui peut tomber sur
» quelques-unes ; mais en général
» c'est un sexe foible, sans appui,
» & digne de pitié : témoin cette
» pauvre femme que nous voyons

» ici. Laiſſez-moi donc plaindre un
» pareil malheur, & mêler mes
» larmes aux ſiennes «. Là-deſſus
le Vieillard, répliqua avec émotion, » Tu pleures, après avoir
» fait une vaine oſtentation de ton
» étude, & montré de la ſcience,
» quand il falloit donner des ſignes
» de prudence. Ne devois-tu pas
» attendre que je te fiſſe connoître
» ces choſes au naturel, pour ſçavoir comment il falloit parler ?
» Mais qui ſçait empêcher les pen-
» ſées de ſe produire ſur le bord des
» lévres ? Voilà donc tout ce que
» tu avois à nous dire, & ſans ton
» étimologie hébraique de la veu-
» ve, toute ta ſcience eut été muette.
» C'eſt une pauvre Philoſophie que
» celle qui apprend où il y a des tré-
» ſors cachés, mais qui n'apprend
» pas la maniere de travailler la
» mine, & de les en tirer ; & il ne
» vaut pas mieux de ſçavoir les tirer, ſi l'on n'en ſçait faire un bon

G iv

» usage. Que t'importe de sçavoir
» quatre mots de Philosophie, si tu
» n'a pas assez de bon sens pour en
» faire l'application ? Tu verras, te
» dis-je, que cette femme qui n'est
» par dehors que *Requiem* & que
» *De profundis*, chante déja l'*Alle-*
» *luia* dans l'ame. Tout son attirail
» est noir, son intérieur n'est que
» vermillon & céruse. Sçais-tu pour-
» quoi cette obscurité de l'apparte-
» ment, & ces capes rabaissées,
» qui couvrent son visage & celui
» de ses compagnes. C'est afin que
» n'étant pas vues, elles en soient
» quittes pour cracher & se mou-
» cher, pour lâcher quelques paro-
» les entre-coupées de sanglots
» dans ce deuil contrefait, qui leur
» laisse les yeux secs comme méche-
» agarique.

» Veux-tu les consoler ? Point de
» meilleur moyen que de les laisser
» seules : la joie leur reviendra,
» quand elles n'auront plus personne

» qui les gêne. Auffi-tôt les amis
» de la veuve feront leur office « :
» Vous êtes jeune, dira l'une ; ce
» feroit bien dommage de refter de
» la forte. Qu'il y aura de Cavaliers
» qui penferont comme moi ! Vous
» connoiffez Don Tel : quand il ne
» remplaceroit pas tout-à-fait le dé-
» funt, cependant... Vous m'en-
» tendez... Vous devez beaucoup
» à Don Pedre, dira une autre :
» Vous fçavez avec quel zéle il vous
» a fervie dans tous vos embarras.
» Je ne fçais quelle penfée me vient
» à l'efprit, mais fi elle a quelque
» fondement.... Hélas ! Vous êtes
» fi jeune ! il vous faudra bien pren-
» dre un parti. Alors la veuve d'un
» ton modefte, & les yeux baiffés
» comme une Veftale : il n'eft pas
» temps de penfer à cela, répon-
» dra-t-elle, abandonnons tout à
» la Providence, elle le fera fi elle
» juge qu'il convient. Et remarquez
» que le jour des obféques eft le jour

» où les veuves de l'étage le plus
» commun vivent le plus délicate-
» ment. Il n'eſt perſonne qui, pour
» donner des forces à l'inconſolable,
» ne l'engage à prendre un mor-
» ceau, & à boire un coup. Elle
» obéit, en diſant que tout lui ſem-
» ble un poiſon ; &, tout en ava-
» lant, quel bien, dit-elle, cela
» peut-il faire à une femme déſo-
» lée, qui a toujours l'objet de ſon
» chagrin ſous les yeux ? Décide à
» préſent ſi toutes tes condoléances
» ſont raiſonnables. »

A peine le vieillard eut-il parlé de la ſorte, qu'attirés par des grands cris, étourdis par un tumulte affreux que faiſoit la populace, nous ſortîmes pour ſçavoir de quoi il s'agiſſoit ; c'étoit un Alguazil, qui, la maſſe rompue en main, le nez plein de ſang, le colle arraché, ſans perruque & ſans manteau, couroit en demandant juſtice au Roi & aux Tribunaux, à la ſuite d'un voleur qui, s'acheminant vers une Eglise sans en être meilleur Chrétien, alloit avec plus de légereté que n'en peut donner la dévotion la plus fervente. L'Ecrivain restoit par derriere, environné de peuple, couvert de boue, le porte-feuille sous le bras gauche, & écrivant sur le genou. Je m'apperçus en passant que rien ne croît si vite qu'un crime sous la plume d'un Ecrivain; car il eut griffonné en un instant une rame de papier.

Je demandai la cause du tumulte: on me dit que celui qui fuyoit étoit un ami de l'Alguazil; qu'il lui avoit fait confidence de je ne sçais quel vol; & que, de peur qu'il ne fût pris par quelque autre Alguazil, celui-ci l'avoit voulu arrêter : mais que le voleur s'étoit enfui, après s'être dégagé à force de coups de poings; & que, voyant venir le monde, il avoit doublé le pas, & alloit porter son affaire aux piés de quelque Saint

dans une Eglise d'azile. L'Ecrivain verbalisoit, tandis que l'Alguazil avec les Recors, qui sont les chiens de chasse du Bourreau, le suivoient à la piste sans le pouvoir joindre. Et il falloit que ce voleur fût bien léger à la course, puisque ces animaux affamés ne le pouvoient atteindre. ʺQuelle récompense, m'é-
ʺcriai-je, l'Etat ne doit-il pas à des
ʺgens qui, pour mettre en sûreté
ʺma vie, mon honneur, mes
ʺbiens, & ceux de tant d'autres,
ʺexposent leur propre personne ?
ʺQue ne méritent-ils pas devant
ʺDieu, & devant les hommes ?
ʺComme les voilà maltraités, pour
ʺavoir voulu arrêter un criminel,
ʺ& un perturbateur du repos pu-
ʺblic ʺ!

ʺHola, dit le Vieillard, ʺ je vois
ʺbien, que, si l'on ne te retient,
ʺtu ne finiras pas. Apprends que
ʺcet Alguazil ne poursuit le voleur,
ʺni pour le bien public, ni pour le

» bien particulier de perſonne ;
» mais parce qu'étant vû de tout le
» monde, il eſt honteux qu'un vo-
» leur ſoit plus habile que lui. Voilà
» ce qui lui fait faire tant d'efforts.
» Au reſte l'Alguazil n'eſt nullement
» repréhenſible de vouloir arrêter
» ſon ami, en le ſuppoſant coupa-
» ble : celui qui vit de ſon bien, ne
» fait aucun mal ; il agit juſtement
» & ſagement : or tout méchant &
» tout ſcélérat, quel qu'il ſoit, eſt
» le bien de l'Alguazil, & il peut en
» vivre. Ces ſortes de gens ont leur
» revenu ſur les fouets & la marque ;
» les galeres & la potence ſont leurs
» domaines. Les années de vertu,
» crois-moi, ſont auſſi ſtériles, que
» fâcheuſes pour eux & pour le Dia-
» ble ; & je ne ſçai pourquoi le
» monde, qui les a ſi fort en hor-
» reur, ne devient pas vertueux pour
» un an ou deux, afin de les faire
» tous mourir de faim, ou de dé-
» pit. Maudit ſoit le métier qui a

» son salaire sur les mêmes fonds
» qu'Astarot, & que Beelzebut ! »

Je voulus du moins justifier l'E-
crivain : » De quelque friponnerie,
» repris-je, que vous chargiez l'Al-
» guazil, qu'imputer à l'Ecrivain,
» qui ne tombe plutôt sur les té-
» moins, puisqu'ils font la décision
» des affaires ? » A d'autres, dit le
» vieillard. As-tu jamais vû Alguazil
» sans Ecrivain ? Non certainement.
» Quand ils vont, pleins d'avidité,
» quêter leur proie, ils peuvent tom-
» ber sur un innocent, comme sur un
» coupable : afin donc qu'il ne soit pas
» emprisonné sans crime, ils ont
» grand soin d'avoir un Ecrivain pour
» en forger quelqu'un. Ainsi quoique
» ces malheureux n'ayent commis au-
» cune faute, l'Ecrivain leur en trou-
» vera ; & ils ne seront pas pris sans
» délit. Ne m'oppose pas les témoins,
» puisqu'il en a à la main pour toutes
» sortes de causes, d'aussi noirs, &
» en aussi grand nombre, que les

» gouttes d'encre de son écritoire.
» Ignores-tu que c'est l'intrigue qui
» les présente, & le plus souvent l'a-
» varice qui les examine? Si quelqu'un
» dit la vérité, l'Ecrivain met ce qui
» lui est nécessaire, & cependant ne
» lit jamais à haute voix comme le
» témoin a déposé. Ainsi, le monde
» devant aller comme il va, il eût été
» expédient, qu'au lieu de faire prê-
» ter serment sur l'Evangile au té-
» moin devant l'Ecrivain, qu'il ré-
» pondra avec vérité aux interro-
» gations qu'on lui fera, celui-ci au
» contraire jurât qu'il l'écriroit telle
» qu'on l'auroit déposée «.

» Il peut arriver que des gens de
» probité se fassent Ecrivains, ou Al-
» guazils ; mais de soi-même la pro-
» fession est par rapport à eux, com-
» me la Mer par rapport aux corps
» morts, qu'elle rejette sur la Côte
» dans l'espace de trois jours. Pour
» moi je goûte fort le spectacle d'un
» Ecrivain à cheval, & d'un Algua-

» zil en toque & en manteau, faisant
» les honneurs d'un convoi patibulai-
» re, comme on pourroit faire ceux
» d'un jour de triomphe, & suivant
» avec dignité un voleur qu'on fustige :
» mais je voudrois ; que quand on
» crie aux carrefours. » *Tel est con-*
» *damné comme voleur*, l'écho ne
» répétât pas plus loin que sur la
» masse de l'Alguazil, & la plume
» de l'Ecrivain ».

Il en eût dit davantage, si son attention n'eût été attirée d'un autre côté, par l'air de grandeur avec lequel venoit en carosse un homme riche, si gros, si boursouflé, & d'un pas si grave, que la masse ne sembloit avancer qu'à force de machines. Les quatre bêtes qui le traînoient, sembloient s'appercevoir de sa gravité, & s'y conformoient. Lui-même étoit négligemment étendu dans le fond de son carosse, se dispensant du salut & de toute politesse ; avare de ses regards qu'il ne

daignoit

daignoit porter sur personne, la tête enfoncée entre ses larges épaules, pareille à une citrouille que son poids fait rentrer dans terre ; le corps, à ce qu'il sembloit, tout d'une piece & sans jointure, ne sçachant s'incliner, ni se tourner, pas même lever le bras pour tirer son chapeau, qui sembloit un des membres de son corps, tant il y étoit fixé. La voiture étoit environnée de quantité de valets de pied, ou de laquais, gagés par artifice, nourris de promesses, payés d'espérance. D'un autre côté, l'on voyoit une escorte de créanciers, qu'on ne connoissoit pas pour tels, & dont le crédit entretenoit toute cette magnificence. Sur le velours à côté du Midas, étoit un bouffon chargé de l'amuser.

« Le monde fut fait pour vous,
» heureux mortel, m'écriai je, si-
» tôt que je l'apperçus, vous qui
» vivez si heureux & avec tant de

» pompe ! Vit-on richesses mieux
» employées ? Quel état ! Et que ce
» Seigneur, quel qu'il soit, sçait
» bien figurer «! » Tout ce que tu
» dis, & tout ce que tu penses, me
» dit le vieillard, marque peu de ju-
» gement. Tu n'as raison qu'en disant
» que le monde fut fait pour cet hom-
» me, parce que le monde n'est que
» fausseté & que misere, comme ce-
» lui que tu admires n'est que vanité
» & que folie. Remarques ses che-
» vaux, qui, flairant l'avoine, semblent
» reconnoître & suivre à la piste celui
» qui en fait crédit à leur maître ; &
» le maître lui-même, qui, respe-
» ctant fort la Justice, ne paroît qu'a-
» vec ce nombreux cortége pour élu-
» der les poursuites. Les stratagêmes
» qui le font vivre, lui coûtent plus
» de peine, que de fouïr la terre pour
» gagner sa vie. Tu vois ce bouffon :
» apprens que lui-même a pour bouf-
» fon celui qui le tient à ses gages.
» Quelle plus grande misere peux-tu

» concevoir, que d'acheter comme
» ce riche les mensonges & les flate-
» ries, que de consumer son bien à
» se faire dire des contes ridicules !
» Ce fou est au comble de sa joie,
» parce que son faquin lui dit qu'il n'y
» a pas un Seigneur semblable à lui,
» & que tous ceux qu'on pourroit lui
» comparer, ne sont dans ce point
» de vûe que de petits houbereaus : il
» est aussi content que si la chose étoit
» vraie. Enfin il seroit difficile de dire
» qui des deux est le vrai bouffon : ils
» le sont réciproquement l'un de l'au-
» tre : le riche se divertit du bouffon ;
» le bouffon se divertit du riche à son
» tour, & avec plus de raison «.

Nous vîmes après cela une personne d'une beauté parfaite, qui charmoit les regards de tous ceux qui l'appercevoient, & qui ravissoit tous les cœurs. Elle passoit avec une certaine négligence industrieuse, dérobant ses attraits à ceux qui les avoient vûs, & les faisant voir à ceux qui ne les remarquoient pas. Tantôt elle se montroit au travers de la gaze, tantôt à travers les dentelles. Elle relevoit de temps en temps son voile, en feignant de le rabaisser, & elle éblouissoit comme l'éclair par l'éclat frappant de ses charmes. Quelquefois elle spéculoit de côté, ne montrant qu'un œil & qu'un coin de la joue, pour donner plus d'envie de voir le reste. Ses cheveux mis à la torture, couronnoient de cent manieres différentes sa belle tête. Son teint n'étoit que neige, rose & corail industrieusement confondus ensemble, & prodigués avec un sage ménagement. Ses dents blanches comme l'yvoire, & ses mains qui paroissoient de temps en temps sur le voile dont la couleur relevoit leur blancheur admirable, embrasoient les cœurs. Sa taille & sa démarche occasionnoient quelque émotion aux ames les plus froides. Sa parure, pour le goût & la richesse, étoit tout ce qu'on imagine de mieux dans ces personnes chargées de bijoux, qui ne leur coûtent rien, & qui n'ont que le soin de l'arrangement.

La vûe d'un objet si charmant me ravit hors de moi-même; & sans mon barbon, qui me gênoit beaucoup, j'eusse suivi la pente de la nature qui confondoit déja toutes mes pensées. Je me retournai du moins pour exhaler mes sentimens, & je dis : „ Quiconque n'aime pas
„ de toute son ame & de tous ses
„ sens, une beauté aussi parfaite,
„ ne sçait pas apprécier le chef-d'œu-
„ vre de la nature. Heureux celui
„ qui fait une pareille rencontre, &
„ plus heureux qui peut en profiter !
„ Quelle agitation ne trouve pas
„ son repos dans une créature née,
„ dit-on, pour le malheur de l'hom-
„ me ? Mais quoiqu'on en dise,
„ l'amour qu'on lui porte, s'il est
„ secondé, dégage de tous les sou-

» cis, fait tout oublier, fait tout
» regarder avec indifférence, avec
» mépris. Quelle vivacité modeste
» dans ses yeux ! Quels regards plus
» gracieux & moins affectés, &
» qui soient plus visiblement le ta-
» bleau d'une belle ame ! Quelle gra-
» ce dans ces croissans de jais qui
» couronnent les yeux, qui rehauſ-
» sent la blancheur du front, & que
» la blancheur du front rehausse à
» son tour ! Quel coloris sur ces
» joues, où le sang le plus pur, en-
» core mêlé avec le lait, forme un
» incarnat admirable ! Quel corail
» dans ces lévres, qui bordent un
» rang de perles, au lieu de dents,
» qu'un ris sage & ravissant décou-
» vre avec réserve ! Quel objet sai-
» sissant que ce col, ces mains,
» cette taille ! Si ce sont là des sour-
» ces de perdition, c'est en même
» temps l'apologie de celui qui se
» perd, puisqu'il le fait pour une si
» belle cause. Quelle autre fournit,

« & plus d'amorce aux désirs, &
» une plus abondante matiere de
» défense au bel âge ? »

Le Vieillard reprit : « Tu as beau-
» coup à faire, si c'est la même chose
» pour tout ce que tu vois, ta desti-
» née n'est pas brillante : tu ne na-
» quis que pour admirer. Jusqu'ici
» je t'ai crû aveugle, je vois à pré-
» sent que tu es fou. Tu as toujours
» ignoré à quelle fin le Créateur t'a
» donné des yeux, & quel doit être
» leur office. Ils sont faits pour voir ;
» la raison est faite pour juger & dis-
» cerner : tu fais tout le contraire ;
» mais si tu prends le parti de juger par
» les yeux, dans quelles erreurs ridi-
» cules ne donneras-tu pas ? Tu jugeras
» bleues les montagnes éloignées,
» tu croiras les plus grands objets
» très-petits ; puisque les différens
» dégrés d'éloignement trompent
» infailliblement la vûe. La riviere
» qui coule à tes pieds t'embarrasse-
» ra ; il t'y faudra jetter une bran-

» che pour sçavoir de quel côté se
» dirige son cours.

» Cette femme que tu viens de
» voir, & qui te cause de si vifs
» transports, s'étoit hier couchée
» fort laide, & sa beauté n'est que
» l'ouvrage de la matinée. Car il est
» bon que tu sçaches que les fem-
» mes, au sortir du lit, & avant la toi-
» lette, ont leur visage, leur gorge,
» & leurs mains naturelles; mais
» après cela tout ce qu'on voit en
» elles, n'est plus que meuble de
» boutique, ouvrage du métier, &
» non celui de la nature. Entrons en
» détail : Les cheveux de cette fem-
» me ne sont à elle, que parce
» qu'elle les a achetés; ils ne lui
» sont pas naturels. Ses sourcils sont
» moins noirs que noircis; & si l'on
» faisoit aussi des nez, elle n'auroit
» plus son nez véritable. Sa bouche
» pleine de dents cariées ressembloit
» à un encrier : toutes les poudres
» qu'elle a usées, l'ont changée en
» une

» une fallicre. La cire & les poma-
» des font en si grande quantité sur
» ses lévres, qu'on les pourroit al-
» lumer comme des bougies. Ses
» mains sont enduites de blanc, &
» non pas blanches. Oh! le plaisant
» spectacle, de voir une femme, qui
» se dispose à paroître le lendemain,
» se resserrer la nuit d'auparavant,
» s'empaqueter, se mettre à la dau-
» be, pour ainsi dire, se coucher
» avec un visage semblable à un mur
» crevassé, & le lendemain se plâ-
» trer à sa fantaisie! Qu'il est amu-
» sant de voir une laide, ou une
» vieille, renouveller les prestiges
» des Nécromanciens, & sortir mé-
» tamorphosée d'une bouteille.

» Tu admires une beauté : ce que
» tu admires n'est pas la personne:
» si elle ôtoit ce qu'il y a de corps
» étrangers autour du sien, tu ne la
» reconnoîtrois plus. Dans le mon-
» de, crois-moi, il n'y a rien de
» si artistement préparé que la peau

» des femmes. Elles se défient si fort
» de leurs personnes, qu'à laver,
» sécher, polisser, elles consument
» plus de temps, usent plus de pâ-
» tes & de pomades, que tout l'at-
» tirail de leurs ajustemens ne peut
» user de savon. Quelle profusion de
» parfums & d'eau de senteur pour
» le nez ! Que d'ambre & de ci-
» vette pour les pieds ! En un mot,
» nos sens, enyvrés des apparences
» trompeuses de la femme, ignorent
» ce qu'elle est dans la réalité. Si on
» l'embrasse, on se barbouille le
» visage ; si on lui touche la main,
» on serre un squelette ; & quand
» elle va à son repos, elle se dé-
» pouille de la moitié de sa per-
» sonne, en se dépouillant de ses
» habits. Dis-moi donc quel est son
» mérite, en regardant en lui-même
» ce fier animal que notre seule
» foiblesse rend terrible, & qui n'est
» utile que quand on lui tient les
» rênes : alors tu connoîtras claire-

» ment ta sottise. Je ne te parle
» point de ces infirmités, qui se-
» roient succéder l'horreur à la plus
» violente passion : on se passionne-
» roit plûtôt, lorsqu'on y pense,
» pour une femme de bois ou de
» pierre. » Le vieillard se tût, après avoir parlé de la sorte, pour me donner le temps de la réflexion. Tant de choses, qui m'affectoient si diversement, partageoient mon ame en des sentimens contraires. Je rêvois profondément, & ne sçavois presque à quelle pensée me fixer. Tout à coup un bruit étonnant de huées & de sifflets me fait lever les yeux. Je sors comme d'un profond sommeil, mes sens sont plus libres, mes oreilles plus ouvertes, ma vûe devient plus perçante : je m'apperçois que je suis dans l'enceinte d'un Théâtre immense, dont les Acteurs & les Spectateurs faisoient tour à tour leurs personnages. Deux énormes Pantomimes, soit Géants, soit

Phantômes, (car on pouvoit, à leur taille & à leur aspect affreux, les prendre pour l'un ou pour l'autre, n'offrant aux yeux qu'une figure informe, & des traits ébauchés,) ouvrant deux gouffres au lieu de bouches, crierent d'une voix de tonnerre : « Sur la Scene, Jongleurs, » sur la Scene ».

A ce signal vous eussiez vû accourir au Théâtre des loges, du parterre, de l'amphithéâtre & de tout le voisinage, des flots de toutes sortes de personnes. Les Phantômes baisserent aussi-tôt le rideau. C'étoit une gaze transparente de mille couleurs différentes, & qui n'en retenoit aucune. Mes yeux la percerent sans peine ; mais quelle surprise, quand revoyant très-distinctement toutes les figures que je venois de contempler, je n'en reconnus aucune. Elles étoient si différentes d'elles-mêmes derriere le rideau, qu'on auroit tout pris pour un enchantement, ou pour un songe. Ma surprise fut telle qu'on s'imagine. Le Vieillard se tenant les côtés, faisoit d'un visage tout ridé, & sans montrer de dents, des éclats de rire, & des grimaces toutes semblables aux pleurs des autres.

Cette femme que j'avois tant admirée, parut d'abord devant le rideau. Elle y avoit l'extérieur plus composé qu'une Vierge en niche ; elle étoit plus artificieusement déguisée qu'une Sirene, les graces & la réserve répandues dans toute sa personne, & comme ensevelies sous la cappe & le voile ; mais elle ne fut pas plûtôt derriere la gaze, qu'elle mit bas le masque, porta à droite & à gauche des regards invitants, ne cessa de chercher des graces dans mille afféteries ridicules, de faire des clins d'œil à tout venant, & de s'atiffer. « O femme inconcevable, » m'écriai-je, que vous est-il arrivé ? » Etes-vous bien la même que je

» viens de voir ? Si ce l'eſt, reprit le
» vieillard d'une voix enrouée & en
» touſſant : Sans doute que c'eſt elle ;
» mais la vertu du rideau lui fait
» faire tous ces perſonnages.

» Et cet homme, repris-je, que
» nous avons vû dans un ſi magnifi-
» que équipage, ſi propre dans ſa
» perſonne, ſi avare de ſes politeſ-
» ſes, de ſes paroles & de ſes re-
» gards, qui inſpiroit un reſpect
» mêlé de crainte, comment, lorſ-
» qu'il a paſſé d'abord, paroiſſoit-il
» ſi éloigné de ces traits affreux,
» de ces concuſſions énormes, de
» ces exactions & de ces uſures ; cet
» Antropophage affamé, qui vit de
» la ſubſtance des miſérables ; ce
» gouffre que tout ce qu'on y jette
» pour le combler ne fait que creu-
» ſer & qu'approfondir ? Je t'ai déja
» dit, répliqua le Vieux, que c'étoit
» là l'effet du rideau. Et celui qui
» écrit là des billets doux, ce ſubor-
» neur de l'âge facile & du ſexe cré-

» dule, cet attifeur de vices, cet
» artifan d'infamies; je le prenois
» devant le rideau pour un homme
» d'honneur : & derriere, répondit
» le patron, voilà quel eft fon per-
» fonnage. Ce brouillon déteftable,
» qui cherche noife de tout côté,
» qui feme la zizanie nuit & jour,
» qui réchauffe les vieilles querelles,
» qui répand l'huile fur le brafier,
» qui fouffle le feu caché fous la
» cendre; je l'avois vû devant le ri-
» deau feuilleter des Livres, inter-
» préter des Loix, examiner des de-
» mandes, dicter des réponfes, &
» pefer le bon droit : comment ac-
» corder des chofes fi contraires ?

» Je te l'ai déja dit, répondit le
» bon Vieillard : Il fait derriere le
» rideau fon rôle naturel, qui eft
» tout différent de celui qu'il fait
» par-devant. Reconnois encore ce-
» lui que tu as vû paffer dans fa ca-
» léche, avec fa fraife, fon manteau,
» fes gands blancs & fes ordonnan-

» ces : il passe à présent monté sur
» un Griffon, armé de toutes pie-
» ces, de cuirasse, de casque &
» de gantelets, faisant tomber sous
» une grêle de fiévres, de fluxions
» & de catarres, des troupes innom-
» brables de toute condition, &
» tranchant le fil de tant de vies
» qu'il sembloit tantôt prolonger ;
» ou prolongeant les maladies, afin
» d'en tirer un meilleur salaire.

» Regarde encore ce maudit
» Courtisan, compagnon aussi fati-
» guant qu'infatigable des hommes
» en place, qui devant le monde,
» & sur-tout sous les yeux du Mi-
» nistre, observoit les salamalecs
» de tous les autres, pour en faire
» de plus respectueuses, qui sem-
» bloit vouloir rentrer dans la terre,
» tant il faisoit ses saluts profonds,
» & qui enchérissoit sur les proster-
» nemens de Religion : Ne l'as-tu
» pas toujours vû la tête inclinée
» comme s'il eût reçû une bénédi-

» ction d'Evêque, & anticipant sur-
» tout les flateurs, pour répondre
» *Amen* à toutes les pauvretés de
» leurs plates Excellences: Regardes-
» le au travers du rideau, il déchire
» à belles dents celui qui le faisoit
» s'extasier ; il lui larde les plus
» cruels brocards, le berne, le
» maudit, change en grimaces & en
» dérisions ses lâches flateries, ses
» faux semblans, toutes les fadeurs
» de ses adulations.

» As-tu vû ce petit homme d'im-
» portance prendre dans son Do-
» mestique le ton du premier des
» sept Sages : qu'on ferme cette
» porte ; que fait-on tous les jours à
» une fenêtre ? je n'ai que faire de
» joueurs ; je ne sçai ce que c'est que
» de manger hors de chez moi. Que
» les gens futiles en agissent autre-
» ment : voilà ma façon de faire &
» de penser ; je n'ai d'autres princi-
» pes que les Loix rigoureuses de
» l'honneur. Remarque au travers

» du rideau le contraste de la vie
» dissolue & de la gêne où il tient sa
» femme. Vois le morfondu sur une
» promesse, abîmé dans les affaires
» d'où il compte tirer plus qu'il n'a
» mis ; puis en retournant chez lui,
» annoncer par sa toux & son ton
» de maître, comme au son de la
» trompe, son arrivée, de six rues
» de distance. Quelle grandeur &
» quel honneur ne met-il pas dans
» l'opulence, & quelle infamie dans
» le seul danger du besoin ! Quel
» éloignement n'a-t-il pas du pau-
» vre, & quelle affection pour
» l'homme riche & libéral ! Quel
» profond oubli de ceux qui ne lui
» sont bons à rien, & quel zele
» empressé à servir ceux qu'on n'o-
» blige pas stérilement !

» Vois-tu aussi ce coquin qui
» s'affiche pour l'ami de cet homme
» marié, qui en use avec lui comme
» frere, toujours prêt à le secourir
» dans ses affaires & dans ses procès,

» jusqu'à lui ouvrir sa bourse ? Re-
» connois-le au travers du rideau :
» Il aime encore plus la femme que
» le mari, & il craint fort peu de
» lui en faire porter la marque &
» l'opprobre. Entends ce qu'il ré-
» pond à son voisin qui lui repré-
» sente l'indignité d'abuser de la con-
» fiance d'un ami qui le reçoit
» ainsi dans sa maison, & qui lui
» en ouvre la porte à toute heure :
» Voulez-vous donc, lui dit-il, que
» j'aille où l'on m'attend le pistolet
» à la main, & où je n'entrerois
» qu'au risque de sauter par les fe-
» nêtres ? ce seroit là être bien sot,
» si ce que vous me reprochez est un
» peu fripon. »

Je demeurai plein d'admiration, d'entendre le bon Vieillard, & de voir ce qui se passoit derriere le rideau, sur le Théâtre du monde ; & je dis au-dedans de moi-même : » Si à l'ombre d'un si foible voile,
» rassurés seulement par une gaze

» transparente, les hommes se mon-
» trent de la sorte, que feroient-ils
» sous des ténèbres plus épaisses « ?
C'étoit une chose prodigieuse que
l'affluence du monde qui accouroit
de toute part pour faire son double
personnage. Cependant mon vieux
Guide me dit : » Il est temps de te
» délasser; le concours de tant d'ob-
» jets merveilleux, & l'éclat impé-
» tueux de tant de grandes vérités
» fatigue les sens, & risqueroit de
» troubler ton imagination qui n'est
» pas plus rassise qu'une autre. Re-
» poses-toi un moment, afin d'être
» plus propre aux nouvelles instru-
» ctions que tu dois recevoir « :
Cédant à ces conseils & au besoin
de la nature, je m'assis sur un ga-
zon, & je m'endormis peu après
d'un profond sommeil.

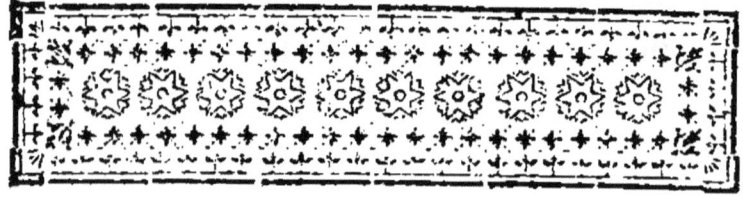

VOYAGES
RÉCRÉATIFS
DU CHEVALIER
DE
QUÉVEDO.

LIVRE TROISIÉME.
Promenade souterreine.

MOn premier soin au réveil, fut de chercher mon Guide. Je ne le découvris pas : je l'appellai de toutes mes forces à plusieurs reprises ; mais inutilement. » Hé quoi !

« me dis-je à moi-même, celui
» qui m'a si bien parlé contre le men-
» songe & l'illusion me trompe lui-
» même ! A qui pourroit-on se
» fier désormais » ? Je formois déja
mille soupçons injurieux, quand je
vis dans un recoin du vallon, un
ombrage épais, formé par des Yeu-
ses touffues & de noirs Cyprès, où
l'œil du jour n'avoit jamais pénétré.
Une profonde caverne s'ouvroit sous
ces feuillages, & s'enfonçoit tor-
tueusement dans le sein de la mon-
tagne. On s'imaginera, d'abord,
qu'on va retrouver ici les expédi-
tions tenebreuses de ce brave pleu-
reur d'Ilion, qui descendit coura-
geusement dans l'Averne, parce
qu'il avoit la vieille Pucelle de Cu-
me pour compagne. Mais on se
trompe dans la comparaison : j'entrai seul, & avec intrépidité, la
curiosité, & le goût des nouvelles ex-
péditions, l'emportant sur la timidi-
té naturelle. Aussi ne vis-je, ni les

songes, ni la chimère, ni les furies, ni aucuns de ces êtres monstrueux & mensongers, qui sont les productions d'un cerveau troublé par la peur.

Après avoir long-temps marché à tâtons dans la nuit la plus profonde, les premiers objets que je vis, non à la faveur du jour, mais d'un crépuscule des plus foibles, qui est la seule lumiere de ces lieux souterreins, furent mes bons amis les Médecins, montés sur des Mules couvertes de housses noires, si amples qu'il me sembloit voir des bierres qui eussent des oreilles. Le pas de ces animaux étoit amusant & fort inégal, tantôt lent, & tantôt précipité; & les Cavaliers, afourchés sur les Bucéphales quinteux, ne ressembloient pas mal à des manœuvres montés sur des poutres pour les scier. Les yeux des Docteurs étoient encore degoutans, de s'être arrêtés sur les chaises percées. Ils avoient la barbe fort longue & fort épaisse, la bouche si enfoncée au milieu de ce crin sale, qu'on avoit de la peine à l'y découvrir toute large qu'elle étoit. Ils avoient de grandes robes traînantes ; ils tenoient dans une main leurs gants parfumés roulés ensemble, & dans l'autre une longue verge, dont ils frappoient leurs montures, aussi pesantes qu'eux.

Quelques-uns du nombre portoient des bagues, dont les pierres étoient si grosses, qu'elles représentoient aux malades la tombe de leur prochaine sépulture. Ils alloient en troupe, environnés & suivis des jeunes Praticiens qui apprenoient la médecine en marchant à leur suite ; &, en conversant avec les Mules autant qu'avec les Docteurs, ils parvenoient à leur grade. Je dis en moi-même : » Si c'est ainsi que se » font les Médecins, faut-il s'étonner » que leur apprentissage coûte la vie » à tant de duppes « ?

Après

Après les Médecins, venoit une longue suite d'Apothicaires, armés de mortiers, de spatules, de suppositoires, de seringues toutes chargées avec leurs canules, & d'une infinité de boëtes, de pots, de bouteilles, dont les écriteaux épouvantables annonçoient toutes les sortes de poisons qui y étoient renfermés. L'équipage faisoit un grand bruit; & ce n'est pas sans raison qu'on a dit souvent, que le bruit de la mort commence par le mortier de l'Apothicaire, se continue par le babil des Chirurgiens & des Médecins, & se consomme par le chant des Prêtres & le son des cloches. Les Apothicaires sont les gardes de l'arsénal du Médecin, à qui ils s'obligent de fournir des armes: aussi la plûpart des instrumens de leur métier ont quelque analogie avec ceux de la guerre. Les emplâtres sont les plastrons; les seringues ressemblent aux pistolets, quelques-unes aux canons montés sur leurs affuts ; les pilules sont les balles & les boulets.

Tous ces Apothicaires portoient leurs chiffres, leurs cris de guerre & leurs devises, dont la plus commune étoit *Recipe*, qui veut dire *Reçois*. Après ce mot, on voyoit cet autre répété mille fois, *ana*, dont on comprend assez la signification la plus naturelle. Après quoi viennent les onces & les scrupules, qui sont des choses fort réjouissantes pour le corps & pour l'ame des moribonds. Outre cela ils donnent aux choses les plus communes des noms si étranges, que leur jargon semble celui des Alchymistes, ou des plus fameux Nécromanciens : comme *Talmus, Opeponac, Leontopulatum, Diacatholicum-Angelorum*. Mais qui sera curieux de sçavoir ce que signifient ces mots effrayans, apprendra que ce ne sont que quelques carottes, quelques raves, & d'autres racines aussi communes, dont ils déguisent le nom, parce qu'ils sçavent le proverbe qui dit, *qui te connoît ne te prise pas* ; & que si les malades les connoissoient effectivement, ils ne seroient pas si sots que de les acheter si cher. Les noms de leurs recettes, & des remedes avec lesquels ils tourmentent les malades sont si affreux, que s'ils chassent quelque maladie, ce n'est que par la frayeur qu'ils causent. Quel mal si opiniâtre, qui ne déloge quand on lui présente une certaine drogue composée de graisse humaine, qu'on appelle *momie*, pour diminuer l'horreur qu'on en auroit? Qui voudroit se laisser appliquer de l'onguent de N. au risque de voir sa jambe ou son bras enfler comme un tonneau?

En voyant les Apothicaires mêlés avec les Médecins, je reconnus le peu de raison d'un Proverbe polisson, qui met de la différence dans la dignité de leur profession; & je n'y en trouvai effectivement aucune : puisque le Médecin va immédiatement du poulx à la chaise percée, pour s'instruire de ce qu'il ignore, suivant la leçon de son Maître Gallien, qui l'adresse à cet Oracle.

Il faut avouer que si le plus misérable Esclave connoissoit ces sortes de gens, il ne les laisseroit jamais approcher de sa personne. O les maudits Inquisiteurs des maux imaginaires, qui sans raison & sans équité répandent le sang, déchirent les membres, exilent les ames de leurs corps, ou les réduisent au désespoir !

A leur suite venoient encore les Chirurgiens, armés de pinces, de tenailles, de lancettes, de sondes, de scies, de ciseaux & de rasoirs. En même temps une voix meurtriere cria, *tranche, coupe, arrache, brûle, décharne.* Il me prit une si grande peur à ces mots, & il se fit une telle contraction dans mes membres, que je crus qu'ils alloient rentrer les uns dans les autres.

J'apperçus peu après des gens de si mauvaise mine, qu'on les auroit pris pour des Diables. Ils tenoient de longs chapelets de dents enfilées dans du fil-d'archal. Je me rassurai un peu en voyant que ce n'étoient que des arracheurs de dents, qui font cependant de la plus maudite profession du monde, puisqu'ils ne tendent qu'à nous faire mourir de faim avec beaucoup d'appétit, & à nous rendre vieux dans notre jeunesse; mais qui ne peuvent nuire qu'aux personnes assez simples pour se laisser dupper par le mensonge impudent. Ces Escrocs affamés ne regardent pas une dent, quelque belle qu'elle soit, qu'ils ne voulussent la voir à leur chapelet plûtôt qu'à votre bouche. C'est pourquoi ils ne sont occupés qu'à inventer contre elles des accusations fausses. Jamais je n'ai vû avec plus d'indignation aucun autre métier. Ce qui me fâche le plus, c'eſt qu'ils demandent de l'argent, pour avoir ôté une dent, comme s'ils l'avoient miſe.

„ Y a-t-il encore quelques per-„ ſonnes à voir, plus haïſſables que „ celles-ci, „ dis-je alors ? car il me ſembloit que les Diables n'étoient pas pires. Il entra incontinent une grande foule d'hommes de tout état, & de femmes déja ſur l'âge. On les nommoit *Hableurs* & *Babillardes* ; & ils faiſoient le fléau de toutes les compagnies par leur naturel de Cigales. On me dit que, quoique tous indifféremment fuſſent grands parleurs, ils portoient différens noms. On appelloit les uns *Nageurs*, parce qu'ils ne faiſoient qu'étendre les bras à droite & à gauche en parlant, comme s'ils euſſent nagé. Les autres ſe nommoient *Singes*, ou *Marionettes*, parce qu'ils repréſentoient les geſtes &

les grimaces de tous ceux dont ils parloient. Il y en avoit qu'on appelloit *Raporteurs* : ceux-ci portoient subtilement les yeux de tous côtés, sans tourner la tête, & presque sans lever la paupiere : ils affectoient un air distrait, tandis qu'ils étoient les plus attentifs, & ils s'efforçoient en toute maniere d'apprendre à la dérobée les actions & les affaires d'autrui, pour répandre ensuite le trouble & la dissension par-tout.

Comme ils marchoient les derniers, je demandai pourquoi personne ne les suivoit ? Plus de mille voix toutes ensemble me répondirent confusément : ,, C'est la quin- ,, tessence de l'importunité; &, com- ,, me en certains serpens tout le ve- ,, nin est dans la queuë, ceux-ci ,, viennent les derniers, comme les ,, plus pernicieux de tous. ,, J'apperçûs un peu sur côté *les Narrateurs & les Menteurs*. Ils avoient l'air gai, le visage riant & fleuri : ce qui faisoit une espece de problême assez difficile à expliquer, en ce qu'ils paroissoient si contens sans état & sans ressources. Il y avoit une multitude prodigieuse d'enfans & de gens oisifs, de domestiques paresseux, de niais & de badauts, attroupés autour d'eux, qui les dévoroient des yeux, & qui faisoient par intervalles de longs éclats de rire.

Je cherchois pour quel dessein ce nombre confus de personnes de toute espece se trouvoit réuni, lorsque j'apperçus une figure plus extraordinaire encore que les autres. Elle avoit la taille extrêmement fine : elle étoit chargée de couronnes, de sceptres, de mitres, de velours & de broderie, de toile & de bure ; & elle avoit une faulx à la main. Elle étoit elle-même vêtue de toute couleur ; elle avoit un œil ouvert & l'autre fermé ; elle paroissoit jeune d'un côté, & vieille de l'autre ; sa marche étoit fort irréguliere : & tandis que

que je la croyois encore loin de moi, elle se trouva à mes côtés. Je fus tel qu'un homme à qui l'on présente quelque hiéroglyphe à expliquer : je ne pouvois comprendre ce que signifioit ce composé extraordinaire de choses bizarrement assorties. Loin de me déconcerter cependant, je me mis à rire comme un fou en l'examinant ; car il n'y avoit rien de si grotesque.

Je lui demandai qui elle étoit. » Je suis la Mort, me dit-elle. » La Mort ! » repris-je dans un changement de sentimens le plus étrange, tout palpitant de peur, & prêt à rendre le dernier soupir ! & tout en bégayant : » Que venez-
» vous chercher ici, lui dis-je,
» vous qui vous dites la Mort ? Toi-
» même, me répondit-elle. O Ciel !
» m'écriai-je, il faut donc mourir !
» Pas si-tôt, reprit-elle; ne t'effrayes
» pas : Je ne viens à présent que
» pour te conduire dans ces Lieux

L

« souterreins qui forment mon em-
» pire : & puisque tant de Morts ont
» visité les vivans, à ce que ceux-ci
» racontent, il est juste qu'un vivant
» rende visite aux morts. Suis-moi
» donc, & marchons. Mais n'at-
» tendrez-vous pas un moment que
» je me sois préparé ? Il n'est pas
» nécessaire : Tout ce que tu pren-
» drois avec toi ne serviroit qu'à
» t'embarasser ; je me charge de
» l'équipage de chacun, pour qu'il
» marche plus lestement. » Je la
suivis sans répliquer.

Il me seroit difficile de dire par
où elle me mena d'abord ; car j'étois
dans un si grand effroi, que je n'a-
vois presque pas l'usage de mes sens.
Je lui dis cependant en marchant :
» Je ne vois pas en vous tout ce
» qu'on attribue à la Mort, puis-
» qu'on ne nous la représente que
» comme un squelette décharné. »
Elle me répondit : » Ces imagina-
» tions ne sont qu'ignorance & que

» folie, mon ami; ces os que tu me
» dis, sont les morts, ou les restes
» des vivans; mais ce n'est pas la
» Mort : ou s'ils sont la Mort, il y
» a autant de Morts qu'il y a d'hom-
» mes, puisque vous avez tous un
» crâne & des ossemens qui se dé-
» charnent de jour en jour, avant
» même que vous entriez dans la
» sépulture.

» Mais, apprenez-moi, je vous
» prie, si vous êtes la Mort, ce
» que signifie ce cortege qui vous
» accompagne, & pourquoi les fla-
» teurs avec les semeurs de zizanie
» sont plus près de vous que les
» Médecins, vos zélés serviteurs.
» Ce n'est pas que j'aime les fla-
» teurs, me dit-elle, puisque la vé-
» rité est mon élément; mais ils me
» sont d'un plus grand service en-
» core que les Médecins; & beau-
» coup plus de personnes périssent
» par leurs intrigues, que par la
» pharmacie. »

Tandis que je m'inftruifois ainfi dans fes leçons, nous entrâmes dans une caverne remplie de monftres que je ne fis qu'entrevoir, tant il y faifoit obfcur. C'étoit comme le veftibule d'une grande falle, ou plutôt d'un vafte enclos, où l'on n'entendoit que des foupirs, l'on n'apprenoit que de mauvaifes nouvelles, l'on ne refpiroit que l'ennui, le chagrin, le défefpoir, & où tout frémiffoit de malédictions. » Qu'eft-
» ce que tout ceci, m'écriai-je, &
» où me trouvé-je ? » Une figure pâle qui étoit près de moi, me répondit : » Comment voudriez-vous
» qu'il n'y eût point ici des chagrins
» & des malédictions, puifqu'il y a
» des faifeurs de mariages & des
» Procureurs ? Ne fçavez-vous
» pas qu'on dit par-tout, *Maudit*
» *foit celui qui me maria ! Maudit*
» *foit le Procureur qui me fit entre-*
» *prendre cette affaire !* Que fignifie,
» repris-je, l'affemblage que vous

» faites ici des faiseurs de mariages
» & des Procureurs ? Qu'ont-ils à
» faire ensemble ? Ignorant que
» vous êtes, me dit-elle d'un ton
» animé, est-ce pour me fâcher que
» vous me faites ces questions ? S'il
» n'y avoit de faiseurs de mariages,
» y auroit-il tant de personnes au
» désespoir ; & s'il n'y avoit des
» Procureurs, y auroit-il tant de
» gens réduits à l'indigence ? Avouez
» que les uns & les autres sont les
» principaux Agens de cet Empire,
» & les solides appuis de ce Thrô-
» ne. »

Alors je levai les yeux, & je vis effectivement la Mort s'asseoir sur un Thrône, & autour d'elle une multitude de petites figures qui lui ressembloient toutes en un point, & qui en étoient différentes en tous les autres. C'étoient les diverses especes de Morts, telles que la Mort d'amour, la Mort de peur, la Mort de froid, & une infinité d'autres.

La Mort d'Amour avoit à ses pieds Pyrame & Thisbé, la bonne Didon, & quelques douzaines d'Amadis, aussi pâles que le jour qu'ils rendirent le dernier soupir. La Mort de Peur étoit la plus magnifique dans son cortege, & les dégrés du Thrône, du côté où elle étoit assise, étoient couverts de Tyrans orgueilleux, de Généraux célébres; mais qui avoient eu encore plus de peur qu'ils n'en avoient donné. La Mort de Froid n'avoit autour d'elle que quelques barbons, quelques vieux Abbés, des Sçavans ennuyeux, & des Prélats qui n'avoient jamais été aimés de personne, que leurs Neveux & leurs Gouvernantes avoient dépouillés avant qu'ils eussent les yeux fermés.

Tandis que je considérois le cortége & les trophées de la Mort, j'entendis une voix terrible qui cria, *Morts, Morts, Morts* ; &, au même instant, je vis paroître des

têtes, des bras, des pieds en mouvement, puis des hommes & des femmes tout formés, encore demi-enveloppés dans leurs fuaires, lesquels fe rangeoient en ordre, & obfervoient un profond filence. » Par-
» lez chacun à votre tour, leur dit
» la Mort. » En même temps je vis approcher vers moi un mort de mauvaife humeur, maigre & décharné, le vifage mélancolique & fort mécontent. Je lui demandai qui il étoit, & ce qu'il me vouloit. » Il
» n'eft pas, me dit-il, que vous n'ayez
» fouvent ouï parler de moi; je fuis
» *l'autre*, c'eft-à-dire un homme de
» bien, que l'on diffame à tout in-
» ftant, & à qui l'on prête les plus
» impertinens difcours, quoique je
» fois fort pacifique, & que je ne
» dife jamais rien. Cependant il n'y
» a point de fottife que *l'autre* ne
» dife. Les ignorans qui veulent ci-
» ter quelque autorité, difent tou-
» jours, *comme dit l'autre*. Il y a

» très-long-temps que cet abus ré-
» gne. Les Latins m'appelloient *qui-*
» *dam*, & se servoient de ce nom
» pour donner du nombre à leurs
» longues périodes. Je désire donc
» que vous me rendiez un service,
» quand vous serez de retour dans
» le monde : je vous prie de dire
» que vous avez vû *l'autre* ; qu'il
» est tout vêtu de blanc ; qu'il n'y
» n'y a rien d'écrit, ni de peint sur
» lui ; qu'il ne dit, ne dira, & n'a
» jamais rien dit ; que tous ceux
» qui le citent en ont menti ; qu'il
» proteste contre le témoignage de
» tous ces imposteurs & de tous ces
» sots. Dans les querelles & les
» éclaircissemens ils m'appellent *une*
» *certaine personne* ; dans les intri-
» gues, *je ne sçais qui* ; dans la
» Chaire & dans le Barreau, *certain*
» *Auteur*. Mais tout cela ne désigne
» que le pauvre *l'autre*, & tend à
» le charger de tout ce qu'on dit
» d'impertinences. Accordez-moi

» ce que je vous demande, & tirez-
» moi de l'état déshonorant où je
» suis. » Je lui promis de faire ce
qu'il désiroit ; & il se retira content.

Je vis d'un autre côté un mort,
ou une morte, qui marchoit d'un
pas grave, & qui en m'abordant
jetta sur moi un regard sévere, ou
plutôt furieux, & me dit : » Rends-
» moi l'honneur qui m'est dû, & ne
» pensés pas avoir affaire à *l'autre*.
» Qui est votre Seigneurie, lui dis-
» je, vous qui me parlez si impé-
» rieusement, & qui prétendez à
» des distinctions dans un lieu où
» tous sont égaux. Je suis, dit-elle,
» la grande & puissante Reine Guil-
» lemette; & si tu ne me connois
» pas, tu n'en es que plus coupable
» de parler souvent de moi sans res-
» pect. Car vous-autres mortels,
» vous êtes si peu maîtres de votre
» langue, que vous choquez les
» morts aussi facilement, & plus fa-

» cilement encore que les vivans.
» Si vous voyez quelque château
» ruiné, quelque carosse délabré,
» quelque ajustement qui ne soit
» plus à la mode, quelque beauté
» passée, vous dites aussi-tôt que
» tout cela est du temps de la Reine
» Guillemette. Mais vous êtes des
» extravagans : mon temps vaut
» beaucoup mieux que le vôtre ; &
» pour en être convaincu, il ne faut
» que vous entendre parler comme
» vous faites. »

Elle en eût dit davantage ; mais je m'éloignai doucement, & je me coulai dans un antre où il faisoit à demi nuit. Je me sentis serrer le bras ; je me retourne avec frayeur, & je m'apperçois que c'étoit une espèce de Spectre droit & immobile, comme une statue de marbre dans une niche. Il tâcha de me guérir de ma peur, en me disant : » Qu'il ne
» ne me vouloit aucun mal, & qu'il
» ne prétendoit que m'instruire «.

Je le confiderai, & je remarquai un Vieillard, qu'on pouvoit à juste titre appeller le bucéphale des hommes à cause de sa grosse tête. Son menton étoit couvert d'autant de crin qu'il en faudroit pour une selle de poste. Je le pris pour un sauvage d'une contrée non-découverte. Il m'envisage, & me voyant si attentif à le considérer. » La science, me dit-
» il, que j'ai des choses cachées,
» m'apprend que vous êtes inquiet
» de sçavoir qui je suis : c'est No-
» stradamus qui vous parle «.

Mon inquiétude & ma crainte diminuérent à ces mots ; & me familiarisant d'abord avec lui. » Est-il
» possible, lui dis-je, que ce galimathias de prophéties qui se publie sous votre nom soit votre ouvrage ? Impudent que vous êtes,
» me répondit-il, osez-vous insulter
» de la sorte l'interprête des destinées ? Esprit grossier, vous méprisez la science qui passe la portée

» de votre intelligence, & vous ap-
» pellez galimathias les plus judi-
» cieux oracles ! Serez-vous assez stu-
» pide par exemple, pour ne pas pé-
» nétrer & ne pas admirer le sens
» de ces paroles :

》 En considérant la nature,
》 J'ai lû dans l'Histoire future,
》 Que ce que femme ordonnera,
》 D'abord le Seigneur le voudra.

» Il n'est point d'esprit si bouché,
» qui ne conçoive cette vérité, di-
» gne de passer en proverbe ; & je
» ne crois pas que personne l'accuse
» de fausseté ou d'obscurité.
» Voyons si les autres sont plus
» obscures ; elles ne sont certaine-
» ment pas moins sûres : écoutez &
» jugez :

》 Les Mariés seront Epoux,
》 Quand ils ne seront plus jaloux ;
》 Et quiconque, dans sa carriere,
》 Veut rapidement parvenir,
》 S'il est Docteur, pour la fournir,
》 Jette les coudes en arriere.

A ces paroles, je me mis à rire de toutes mes forces; & le prophéte s'en appercevant: « Bouffon » que vous êtes, me dit-il fort en » colere, mauvais plaisant qui trou- » vez à mordre sur-tout, vous n'a- » vez pourtant pas les dents assez » bonnes pour briser le noyau & » trouver ce qui y est caché. Ecoutez » avec plus de respect, ou je vous » arracherai la barbe, poil à poil: » écoutez, de par tous les diables, » puisque vous êtes venu, non pour » rire, mais pour vous instruire. » Pensez-vous, que tous les Ma- » riés soient les vrais Epoux ? Vous » vous tromperiez de plus de moi- » tié. Sçachez qu'il y a bien des » Mariés qui vivent en célibat; & » plusieurs personnes dans le céli- » bat, qui vivent en personnes ma- » riées. Telle est aujourd'hui la » mode. Il y a une infinité d'hom- » mes qui se marient pour laisser » leurs femmes Vierges; & autant

» de femmes indifférentes par rap-
» port à leurs maris. Voilà la moi-
» tié de la prophétie expliquée, &
» voici le reste. Vous me direz
» peut-être qu'il est ridicule pour
» n'être que trop vrai : est-ce à dire
» que la vérité naïve vous déplaît ?
» De quelle façon faut-il donc qu'el-
» le soit habillée pour être à votre
» goût ? Je gage néanmoins que vous
» ne sçauriez objecter aucune subti-
» lité contre cet Oracle ; & que vous
» ne pensez pas qu'il y ait des gens
» qui courent les coudes en avant
» aussi-bien qu'en arriere. Mais je
» veux vous en faire connoître de
» cette espèce : ce sont les Méde-
» cins, mon ami, quand ils remer-
» cient en tournant les mains en ar-
» riere pour recevoir leur argent.
» Après l'avoir attrapé, ils courent
» comme des Singes d'Opérateurs,
» qui viennent de recevoir quelque
» piece de monnoie, & qui vont
» faire la quête ailleurs «.

» Plusieurs femmes se verront meres;
» Et les enfans qu'elles feront
» Seront les enfans de leurs peres,
» Comme on le verra sur leur front :

» Eh bien avez-vous quelque cho-
» se à dire ici ? Je vous réponds qu'il
» y a quantité de maris qui se con-
» vaincroient, s'ils vouloient, qu'ils
» n'ont pas engendré les enfans qui
» les appellent peres. L'on n'a point
» d'autre preuve du contraire, que
» la déposition de la mere, que les
» hommes reçoivent, je ne sçais par
» quelle bizarrerie; puisque, sur tou-
» tes les autres matieres, leurs Loix
» défendent de recevoir le témoi-
» gnage d'une personne dans sa pro-
» pre cause. Mais combien n'y aura-
» t-il pas de gens à la vallée de Jo-
» saphat, qui occupent à présent les
» premiers rangs dans le monde, &
» qui seront alors contraints d'ap-
» peller peres, ceux qu'ils avoient
» appellé *l'Epine* ou *la Verdure* ?

» Combien de peres se trouveront
» pour lors sans postérité contre leur
» espérance ? Vous en serez convain-
» cu, quand vous y serez, vous qui
» riez à présent de ces grandes vé-
» rités, comme d'autant de sornet-
» tes. J'avoue, répondis-je, que
» nous avons tort de mépriser vos
» oracles. Il est vrai qu'on n'en pé-
» nétre pas le sens ; ils sont plus ju-
» dicieux qu'on ne pense, & ils ont
» une force singuliere, expliqués de
» votre bouche.

» Entendez encore celui-ci, ajou-
» ta-t-il :

» Toujours régnera la coutume
» De bien voler avec la plume ?

» Y êtes-vous ? Comprenez-vous
» ces mots, *voler avec la plume ?*
» Vous n'êtes pas assez simple, je
» m'imagine, ou vous ne me le
» croyez pas assez, pour vous per-
» suader que je veuille parler des
» Oiseaux : vous vous tromperiez
» lourdement,

» lourdement. Ce que je dis, re-
» garde les Avocats, les Procureurs
» & les Notaires, qui volent votre
» argent & vos fonds, par une in-
» finité d'industries dont la plume
» est l'instrument. »

Après ces mots le bon Nostradamus disparut, & me laissa la réponse sur les lévres. Au même instant je me sentis tirer par derriere, & je m'entendis tout à la fois appeller par une voix grondeuse, qui sembloit sortir du centre de la terre, & formée de la machoire plutôt qu'articulée par la langue. Je me retourne avec étonnement : C'étoit une vieille, la plus vieille qui fût jamais, vrai remede à tous les désirs, & hideux épouvantail des morts mêmes & des Démons. Ses yeux étoient enfoncés comme dans ces cornets de Trictrac de malades, doublés de velours cramoisi. Ses joues & son front avoient le coloris de la plante des pieds. Sa bouche

M

rentrante, & ses lévres éteintes étoient à l'ombre d'un vrai nez d'Alambic. Son menton ne ressembloit pas mal au croupion d'un Oison mal plumé. Elle n'avoit pas plus de dents qu'une Lamproye. Les peaux de ses giffles pendantes représentoient les poches des Singes. Sa tête branloit perpétuellement ; & sa voix tremblante se conformoit assez bien à ce battement de mesure. Son corps racourci étoit comme emmaillotté dans un grand voile de crêpe. Elle avoit un bâton dans une main pour étayer une machine aussi ruineuse, & de l'autre elle tenoit un long chapelet qui traînoit par terre, & qui sembloit une ligne avec laquelle elle auroit pêché les médailles & les petites têtes de morts qui y étoient attachées.

En appercevant cet abrégé des siecles passés, je lui criai de toutes mes forces, la jugeant sourde à sa figure : » Oh ! ma mere, ma

„ grand'mere, que cherchez-vous „ par ici ? » Elle releve aussi-tôt le crêpe rabaissé sur sa face sépulchrale, & mettant une grande paire de lunettes pour m'envisager, ou plutôt pour me dévisager, si elle l'eût pû : » Je ne suis, ni sourde, ni grand'me- » re, me dit-elle avec un ton de » Proserpine, & j'ai un nom aussi » bien qu'un ciron. » Qui croiroit qu'en l'autre monde les femmes eussent encore la vanité de ne pas passer pour vieilles ? Ses yeux larmoyans & le souffle de sa voix rendirent l'odeur des caveaux où l'on met les cercueils. Je la priai d'excuser mon ignorance, & de me dire son nom ; que je ne prétendois que lui rendre les honneurs que je lui devois. » Je m'appelle *Duégna* » *Quintagnogna*, dit-elle. Com- » ment repris-je tout étonné, cette » maudite espece de créatures se » trouve en cette région ? Avec » combien de ferveur les vivans ne

» doivent-ils pas dire pour elles *Re-*
» *quiescant in pace* ? Puisqu'il y a ici
» des *Duégnes* & des *Surveillantes*,
» les Habitans y feront dans le trou-
» ble & dans les divisions. J'avois
» crû qu'elles ne mouroient pas,
» & que le monde étoit condamné
» à les garder éternellement : je me
» détrompe en vous voyant, & je
» suis charmé de vous rencontrer
» après avoir tant ouï parler de
» vous. Car dès qu'on voit quelque
» vieille censurer la conduite de la
» jeunesse, parce qu'elle ne se sou-
» vient pas de la sienne, on dit d'a-
» bord, regardez un peu cette *Dué-*
» *gna Quintagogna*. En un mot on
» parle de vous par-tout : approchez
» donc , *Duégna Quintagnogna*,
» que je vous considere à mon aise.

» Le Diable vous le rende, me
» dit-elle, & la peste vous étouffe
» pour le souvenir que vous avez de
» moi. Fils de Lucifer que vous
» êtes, n'y a-t-il pas des *Duégnes*

» plus anciennes que moi ? N'y en
» a-t-il pas de cent quarante, de six
» vingts ans ? Que ne vous diver-
» tissez-vous de celles-là, & me laif-
» sez tranquille. Tout doux, lui
» dis-je; n'altérez pas ainsi vos traits
» gracieux, en vous irritant. Quand
» je serai retourné dans le monde,
» je vous ferai rendre plus de justice.
» En attendant, dites-moi ce que
» vous faites ici, & par quelle aven-
» ture vous vous y trouvez. » Elle
fut appaisée par ma promesse, &
me dit : » Je me suis présentée aux
» Enfers, & j'ai proposé d'y fonder
» un Ordre de *Duégnes* ; mais
» Messieurs les Diables n'ont pas
» voulu y consentir, disant que
» bien-tôt nous les chasserions de
» leur Empire; que l'on n'y auroit
» pas besoin d'eux pour tourmenter
» les ames, si nous y étions ; ou
» que, si nous y demeurions ensem-
» ble, nous serions toujours à cou-
» teaux tirés, & qu'ils ne pourroient

» remplir leur charge. Je suis allée
» en Purgatoire : dès que les ames
» m'ont vûe, elles ont commencé
» à crier *Libera nos Domine*, plus
» fort que si elles eussent vû vingt
» légions de Démons. Pour le Para-
» dis, nous n'y prétendons rien :
» n'y pouvant faire de rapports, &
» tout y étant dans la paix, nous y
» y sécherions d'ennui. Les Habi-
» tans de la région souterreine, où
» nous voici, se plaignent à leur
» tour de ce que je ne les laisse pas
» tranquilles dans un lieu qui devroit
» être celui du repos, & ils me ren-
» voyent dans le monde. Mais qu'al-
» ler chercher sur la terre ? les vi-
» vans sont aussi injustes envers
» nous, & plus insolents que les
» morts. J'ai appris dernierement
» qu'un homme allant de Madrid à
» Valladolid, & s'informant où il
» pourroit coucher, on lui répondit
» qu'il y avoit sur la route un village
» qui s'appelloit *Duégnas*. N'y a-t-il

» point d'autre lieu en de-çà, ou en
» de-là, reprit-il, pour m'y arrê-
» ter ? Il n'y a, lui dit-on, qu'une
» potence. Bon, répliqua-t-il, voilà
» mon affaire : j'aime cent fois mieux
» m'arrêter là qu'à *Duégnas*. Je
» vous conjure donc de travailler
» auprès des mortels, afin que dé-
» formais ils choisissent un autre
» objet de leurs quolibets insensés,
» & qu'ils me laissent en repos. »
Elle eut parlé davantage, & peut-
être le fit-elle, me croyant toujours
présent : mais je m'éloignai insensi-
blement sans qu'elle s'en apperçût,
parce qu'elle avoit ôté ses lunettes.

Je cherchois un guide pour me
conduire enfin hors de ce triste séjour, quand je fus arrêté de nouveau par un mort d'assez bonne figure, excepté qu'il avoit une aigrette de Belier sur la tête, mais
une aigrette si haute & si brillante,
qu'on pouvoit le prendre pour le
Bélier du Zodiaque. Il roidit les

bras, ferma les poings, & se présenta avec la plus fiere contenance. Je vis qu'il m'en vouloit, & je me mis en défense avec des armes égales, excepté celles du front qui me manquoient. » Que prétend ce nou- » veau Moyse, lui demandé-je ? » A ces mots, il entre en fureur, s'élance sur moi, combat des ongles & des cornes ; & bien m'en prit qu'il étoit miré, c'est-à-dire que ses cornes fort anciennes faisoient plusieurs tours sur son front, comme celles des vieux Béliers, & ne pouvoient plus frapper de la pointe. L'on accourut pour nous séparer, & l'on me fit grand plaisir ; puisque la langue qui fait ma principale défense, ne sçauroit tenir contre les cornes.

» A quoi pensez-vous, me di-
» rent-ils, d'insulter Don Diégo
» Dandino ? Comment, repris-je,
» c'est là Diégo Dandino ! Infame
» que tu es, de quoi peux-tu te
» plaindre,

» plaindre, & quelles rifées peut-
» on faire que tu n'en mérites da-
» vantage? Que fçauroit-on me re-
» procher, répondit-il? Y eût-il
» homme plus accommodant que
» moi? J'étois auſſi paiſible que les
» ſept Dormans enſemble. Nous
» nous accordions parfaitement, ma
» femme & moi. Auſſi diſoit-elle
» ſouvent : Dieu prête vie à Don
» Diégo, c'eſt le mari le plus com-
» mode qu'il y ait au monde : quoi
» qu'il arrive chez nous, il ne dit
» jamais, voilà qui eſt mal, ou voilà
» qui eſt bien. Elle mentoit cepen-
» dant ; & je n'étois pas ſi ſot qu'elle
» penſoit. J'ai dit fort ſouvent, voilà
» qui eſt mal, & voilà qui eſt bien.
» Quand il entroit chez nous des
» Poëtes & des beaux eſprits, je
» diſois en voyant ces gens ſans fi-
» nance, voilà qui va mal : & quand
» je voyois de bons Marchands, ou
» de gros Rentiers, je diſois, voilà
» qui va bien. Quand je rencontrois

» ces Nobles qui ont la bourse aussi
» creuse, ou aussi pleine de vent que
» la tête, ces Paladins à longues
» épées & à grandes mouſtaches, je
» diſois, voilà qui va très-mal. Mais
» quand je voyois des Fermiers ven-
» trus, ou ſeulement quelques-uns
» de leurs Commis, je diſois, voilà
» qui va très-bien ; parce que l'ar-
» gent coûtant fort peu à ces gens-là,
» ils le répandent fort largement.
» Que peut-on me reprocher enfin ?
» N'ai-je pas rendu les ſervices les
» plus eſſentiels à ma femme, &
» ſans moi que n'eût-elle pas eu à
» craindre ? Pourquoi donc ce bouf-
» fon de Poëte m'a-t-il fait le bardeau
» de ſes farces & de ſes plaiſante-
» ries ?

» Tu n'en es pas encore quitte,
» lui dis-je ; &, de ce pas, je retourne
» dans le monde faire quelque nou-
» velle Scene du ſupplément de ta
» vie que tu viens de m'apprendre. »
Là-deſſus, il ſe jette ſur moi, &

nous nous empoignons de plus belle. Mais tout à coup le son éclatant d'une trompette retentit à nos oreilles. Don Diégo en fut atéré comme d'un coup de foudre; il disparut, & je me tirai à l'écart, saisi & effrayé moi-même des sons terribles que j'entendois, & beaucoup plus encore de ce que j'apperçus quelques momens après.

Les montagnes frémirent, & les Morts insensibles furent réveillés dans le fond de leurs monumens. Toute la terre s'ébranle à l'instant, & s'entrouvrant de toute part, laisse à une quantité étonnante d'ossemens qui se mouvoient d'eux-mêmes, la liberté de se rapprocher. Je vis en passant des Généraux & des Soldats sortir des tombeaux, les menaces encore peintes sur le visage, prenant ce bruit pour le signal d'une bataille. Les avares, pleins d'inquiétudes & tremblans pour leurs thrésors, croyoient qu'on sonnoit l'allarme contre des voleurs. Les gens de plaisir s'imaginoient que c'étoit un bal, ou une partie de chasse. Je lisois de pareilles méprises sur le visage de tout le monde ; & je ne vis presque personne qui prît la chose pour ce qu'elle étoit. Je remarquai ensuite certaines ames qui fuyoient leurs corps avec horreur. A celui-ci il manquoit un œil, un bras à celui-là ; & je ne pûs m'empêcher de rire, en voyant la diversité bizarre de tant de figures. J'admirai leur discernement, en ce qu'étant tous mêlés les uns avec les autres, personne ne prenoit les pieds ou les mains de son voisin pour les siens. Je vis cependant dans une espece de cimetiere une multitude de têtes, dont personne ne vouloit ; & j'entendis un Notaire se plaindre que l'ame qui étoit rentrée dans son corps, n'étoit pas la sienne : ce qui donna à tout le monde quelque soupçon de ce qui alloit se passer.

Les voluptueux se cachoient de leurs yeux, pour n'être point obligés de les reprendre, de peur de porter contre eux des témoins au Tribunal suprême ; les médisans évitoient la rencontre de leurs langues ; les voleurs & les meurtriers ne vouloient pas de leurs mains. J'entendis un avare en interroger un autre qui avoit été embaumé, & qui ne put lui répondre d'abord, parce que ses intestins qui n'avoient pas été mis dans le tombeau avec son corps, n'y étoient pas encore rentrés. Il lui demandoit » si tout ce » qui a été inhumé devant ressusci- » ter, les coffres forts, qui avoient » été enterrés, ressusciteroient aussi. » J'eusse ri de cet objet, si je n'avois été encore plus diverti à la vûe d'une troupe éplorée d'Huissiers qui, en poussant des cris lamentables, fuyoient leurs oreilles dont ils ne vouloient pas. Il leur fallut cependant les reprendre, tous tant qu'ils étoient, jusqu'à ceux qui se les étoient fait couper en portant des assignations aux Seigneurs ruinés. Mais rien ne me causa plus de surprise, que trois Procureurs qui avoient mis leurs ames à rebours, de maniere que les sens de nature se trouvoient tous les cinq au bout de leurs doigts crochus.

J'examinois tous ces objets d'une petite éminence : tout à coup j'entendis crier au-dessous de moi, que j'eusse à m'éloigner. A peine me fus-je mis en devoir d'obéir, que plusieurs Belles tirerent leur tête hors de terre, en m'appellant incivil & grossier, qui n'avoit jamais eu d'attentions pour les Dames : car, en Enfer même, elles ne se défont pas de leur vanité. Elles parurent d'abord gayes & triomphantes, de se montrer devant tant de personnes ; quoique réfléchissant ensuite que leur beauté étoit un sécret témoin contre elles-mêmes, elles commencerent à marcher d'un pas plus retenu. L'une d'entre elles, qui avoit eû sept maris, s'occupoit à chercher des excuses pour chacun de ceux à qui elle avoit protesté qu'elle l'aimoit uniquement. Une autre, qui avoit épousé le Public entier, & qui craignoit d'arriver à l'assemblée, disoit qu'elle avoit oublié quelques meubles de toilette : elle pâlissoit, elle s'arrêtoit, elle retournoit sur ses pas : à la fin cependant elle arriva auprès de la multitude de ceux qu'elle avoit damnés, & qui crioient après elle en la montrant au doigt. Elle voulut se cacher dans une troupe de Commis & d'Employés, s'imaginant qu'on ne tenoit aucun compte de ces sortes de gens, pas même en ce jour terrible ; mais elle s'y trouva trompée.

Ce spectacle fut interrompu par le grand bruit que faisoit une multitude nombreuse sur le bord d'un fleuve, où elle environnoit un Juge prêt à subir la sentence d'un Juge plus puissant. Ces personnes, qu'il avoit condamnées injustement, le pressoient d'avancer vers le Tribunal, & menaçoient de l'y traîner de force. Il s'obstinoit à se laver les mains, & il ne vouloit pas finir. Je lui demandai pourquoi il prenoit tant de peine : il me répondit naïvement, » que, durant la vie, on les » lui avoit tellement graissées, » qu'il ne pouvoit réussir à les rendre » nettes «.

J'apperçus en même-temps une légion de Démons, qui me divertit plus qu'elle ne m'effraya. Ils donnoient de grands coups de fouets sur une multitude éparse d'Aubergistes, de Boulangers, de Tailleurs & de Cordonniers qui faisoient semblant d'être sourds, & qui ne vouloient pas sortir de la sépulture, quoiqu'ils fussent ressuscités. Sur le chemin où ils passoient, un Procureur, étourdi de ce bruit, tira la tête hors de sa

fosse, & leur demanda où ils alloient : » Au grand Tribunal, ré-
» pondirent-ils « ; furquoi s'enfon-
çant davantage, » je puis , reprit-il,
» m'épargner la peine de fortir de ce
» trou ; il me faudra probablement
» defcendre plus bas «. Un des Au-
bergiftes fuoit à groffes gouttes, tré-
buchoit, tomboit à chaque pas ; &
l'un des Diables lui difoit : » Il eft
» temps que tu fondes en eau, toi
» qui l'as fi long-temps vendue pour
» du vin «. Un Tailleur, petit de
ftature, le dos voûté , le pied rentrant, la barbe rouffe , & les doigts
auffi longs que fon aulne, difoit
fans ceffe : » Que peut-on me re-
» procher ? Quel crime y a-t-il à
» retrancher les fuperfluités, & à
» faire les habits juftes à la taille « ?
Mais les autres, voyant qu'il fe dé-
fendoit ainfi d'être voleur , lui faifoient des reproches de ce qu'il renioit
fa profeffion. Cette premiere troupe
en rencontra une de Brigands qui

se mirent à fuir de toutes leurs forces, quand ils apperçurent l'aulne & les ciseaux. Mais leurs Conducteurs les joignirent aux Tailleurs, en disant » qu'on pouvoit bien les » confondre ensemble, puisqu'ils » n'étoient que des Tailleurs sau- » vages, aussi semblables aux au- » tres, qu'un Chat sauvage l'est à un » Chat domestique «. Il y eut dispute entre eux sur la prefséance ; & il fut réglé qu'ils iroient côte à côte jusqu'au rendez-vous. Sur leurs pas, marchoit la Folie en corps avec ses quatre Facultés, à sçavoir les Poëtes, les Musiciens, les Amoureux, & les Rodomonts ; tous gens dont le personnage étoit peu convenable à ce jour. Ils se mirent de côté : l'Inspecteur prit leur signalement, & fut très-surpris de leur embarras, eux qui n'avoient jamais rougi, ni réfléchi durant toute leur vie. Mille autres arrivérent, non moins effrayés qu'eux. Le Juge parut : tous firent silence.

Le thrône étoit l'ouvrage du prodige & de la toute-puissance. Le Maître suprême vêtu de sa beauté & de sa majesté, avoit l'air aimable pour les uns, & terrible pour les autres. Le soleil & les astres étoient immobiles sous ses pieds, les vents muets, l'onde calme, la terre en suspens, tremblant sur le sort de ses enfans. Déja quelques-uns menaçoient ceux qui les avoient incités au mal ; mais tous en général avoient un air extrêmement inquiet. Les bons pensoient aux actions de graces qu'ils avoient à rendre, & les méchans aux excuses qu'ils alléguerioient. Les Esprits bienfaisans marquoient, par leur air & leur démarche, le sort de ceux qui étoient commis à leurs soins ; les Démons préparoient les comptes & revisoient les procès. Les Défenseurs étoient à la droite, & les Accusateurs à la gauche. Des Surveillans inflexibles gardoient une porte, si difficile par elle-même & si étroite, que les plus maigres jeûneurs étoient encore obligés de faire les plus grands efforts pour y passer.

Les Disgraces, la Peste & les Chagrins étoient d'un même côté, & accusoient unaniment les Médecins. La Peste disoit » qu'elle avoit » effectivement attaqué les mala- » des, mais que les Médecins les » avoient expédiés : les Chagrins, » qu'ils n'avoient fait mourir per- » sonne, sans le secours des Do- » cteurs ; & les Disgraces, qu'elles » n'avoient jamais prétendu à au- » cun droit sur la sépulture, sans la » permission de la Faculté «. De cette sorte les Médecins se trouvérent chargés de rendre compte de tous les Morts ; & pour examiner si la prévention ne leur en attribuoit pas un trop grand nombre, on les fit placer dans un lieu élevé, le tarif en main, avec de l'encre & du papier : à chaque Mort que l'on nommoit, le Médecin, qui l'avoit traité, étoit obligé de dire, quel mois & quel jour il avoit passé par ses mains.

La foule des Morts arriva à la fin : Rois & Bergers, tous étoient confondus : les Rois même paroissoient les plus embarrassés de la troupe. Il se présenta en même-temps un homme d'un regard fier, qui dit en étendant la main : » Voilà » mon brevet d'expérience «. Tout le monde fut fort étonné. Les Portiers lui demandèrent » qui il » étoit « : » Maître d'Escrime, ré- » pondit-il à voix haute, & Maître » à toute épreuve « ; puis tirant une grosse liasse de papiers : » Voilà, » dit-il, les attestations de mes ex- » ploits «. Il les laissa tomber, & quelques Diables voulurent les ramasser ; mais ils furent prévenus par un Alguazil, escamoteur beaucoup plus habile qu'eux. Ils prirent l'Escrimeur par le bras pour le faire entrer. Alors sautant en arriere, & se mettant en garde, „ à quatre pas „ d'ici, leur cria-t-il, je vous fais „ sçavoir qui je suis. Quiconque prit „ de mes leçons, ne manqua jamais „ son homme; & l'on pourroit à „ juste titre m'appeller *Gallien*, „ puisque j'enseigne à tuer un hom- „ me en régle. Il ne me manque pour „ être Médecin, que d'aller faire „ mes homicides, monté sur une „ mule, ou dans un équipage de de- „ mi-fortune, traîné par un che- „ val solitaire. Si l'on me demande „ des preuves, qu'on s'explique, „ j'en ai de toute espèce à fournir „. Tout le monde se mit à rire avec de grands éclats; & un Officier au teint macéré, lui demanda s'il avoit les mêmes expédiens pour sauver son ame. On lui tint quelques autres propos dans le même goût, auxquels il ne pût satisfaire; & son sort fut décidé.

Il vint ensuite une troupe de

Maîtres d'Hôtel, pour rendre leurs comptes : mais il n'y avoit plus lieu aux tours de foupleſſe ; & la régle de fouſtraction, que ces fortes de gens aiment fi peu, eût été plus de leur goût alors que celle d'addition. L'un des Miniſtres, les reconnoiſſant à l'air & à la marche, dit, avant qu'ils fe fuſſent annoncés, que c'étoient des Maîtres d'Hôtel. Ils demanderent qu'on leur fournît un Avocat : » Voici, dit-on, Judas qui fera » votre affaire ; le rôle convient à » ce bon Apôtre. » A ces mots ils fe tournerent d'un autre côté, où, voyant un Diable qui tenoit un Livre de comptes, & qui n'étoit nullement difpofé à les leur laiſſer rendre, comme ils l'avoient fait toute leur vie ; » Point tant de dif- » cuſſions, dirent-ils ; compofons à » l'amiable. Vous n'êtes pas fots, re- » prit le Diable : vous voulez mettre » le jeu bas ; c'eſt une marque qu'il » n'eſt pas beau pour vous. » Ceux-ci jugeant qu'il n'y avoit rien à faire, prirent d'eux-mêmes la route de la gauche.

Ils n'avoient pas disparu, qu'on apperçut un Chef d'office avec un Chef de cuisine, qui s'approchoient avec assez de confiance, croyant leurs actions inconnues. Mais la premiere accusation portoit, tant de livres de Chat servies pour un fin gibier; tant pesant, non du même animal, mais de cent animaux différens, & des plus extraordinaires en pareille sausse; tant de Renard, tant de Bouc & de Chien. Quand nos hommes virent qu'on sçavoit que, dans leurs ragoûts & leurs pâtés, il s'étoit trouvé des animaux d'autant d'especes que dans l'Arche de Noë, ils tirerent vers la gauche, sans attendre leur reste.

L'on jugea ensuite les Philosophes. Il faisoit beau voir avec quelle peine ils fabriquoient des Syllogismes qu'on n'écoutoit pas. Il étoit encore

encore plus divertiſſant de voir les Poëtes aſſurer qu'ils avoient voulu parler de la Divinité, en nommant les Graces & Vénus. Virgile ſe prévaloit d'avoir fait tenir aux Muſes de Sicile le langage des Oracles de la vérité, & à toutes les autres celui de la vertu. Mais un Diable lui reprocha je ne ſçai quoi au ſujet de Mécene & d'Octavie. Ce méchant Argus contoit bien des anecdotes amuſantes, quand Orphée, comme le Doyen des Poëtes, s'approcha, & voulut prendre la parole au nom de tous les autres. On lui commanda d'entrer aux Enfers pour la ſeconde fois, & d'y introduire ſes compagnons, ſauf à eux de tenter d'en ſortir.

Après eux, un avare ſe préſenta à la porte. On lui dit que, quiconque n'avoit pas gardé les préceptes, étoit mal reçû. Il répondit que, pour ce qui étoit de garder il étoit irrépréhenſible, & que perſonne n'avoit jamais mieux gardé quoi que ce fût. Il se mit aussi-tôt en devoir de se justifier sur chaque précepte en particulier ; & lisant le premier, *Vous aimerez Dieu sur toutes choses* ; » Je » ne les voulois, dit-il, acquérir, » qu'afin d'aimer Dieu par dessus » toutes. » *Vous ne jurerez pas en vain :* » Dans tous les faux sermens » que j'ai faits, j'eus toujours un » grand intérêt, & jamais je n'en » fis en vain. » *Vous sanctifierez les jours de Fêtes :* » Je n'en fis jamais » des jours de luxe, ni de débau- » che. » *Vous honorerez votre pere & votre mere :* » Je leur ai toujours » demandé respectueusement leur » héritage. » *Vous ne tuerez point :* » Pour observer ce précepte, je n'ai » jamais fait, ni fait faire bonne » chere ; parce que l'intempérance » tûe plus de monde que les armes. » Quant à ce qui regarde les fem- » mes, je n'ai rien à me repro- » cher ; elles demandoient trop de

» dépense. Mais pour les faux té-
» moignages, reprit un Diable,
» c'est ici le foible des avares : si tu
» confesses en avoir porté, tu te
» condamnes ; & si tu le nies, tu
» en portes un nouveau. » L'avare
se fâcha, & dit avec impatience :
» S'il n'y a rien à gagner ici, au
» moins n'y perdons point de temps;
» car, jusqu'au temps, je ne veux
» rien perdre. » Il fut convaincu par
sa propre déposition, & mené où
il méritoit.

Plusieurs voleurs entrerent sur
ces entrefaites ; & quelques-uns
d'eux qui avoient été pendus, furent sauvés. Leur bonheur donna
tant d'espérance à leurs Collégues,
les Notaires & les Procureurs, qu'ils
se présenterent avec empressement
pour être jugés. La chose fit beaucoup rire les Diables qui procéde-
rent sans délai à une décision. Seigneur, dirent-ils au Juge, ce sont
des Procureurs & des Notaires :

faut-il un plus amplement informé ? Ceux-ci voulurent rejetter leurs crimes sur leurs Clercs ; mais l'excuse augmenta le nombre des coupables, sans faire un innocent. Ils cherchèrent quelque nouvel expédient ; car ces sortes de gens sont inépuisables en subterfuges ; & , se flatant que leur ancienne industrie leur seroit encore d'usage, ils dirent qu'il convenoit de prendre les dépositions des témoins sous serment ; & ils se mirent en devoir d'en corrompre. Ils vouloient charger de leurs crimes la plus pure innocence ; de sorte que Judas & Mahomet, voyant leur manœuvre, se mirent aussi en tête de se faire juger, & conçurent une espérance, aussi bien fondée que la leur.

Je vis encore en cet endroit, où l'on voit comme en bien d'autres ce que l'on veut voir, & où l'on revoit souvent ce qui a frappé fortement l'imagination, je vis un Médecin traîné de force au Jugement par ſes malades, avec ſon Chirurgien & ſon Apothicaire. Le Diable qui tenoit les régiſtres, dit que la plûpart des Morts de la Province avoient été les victimes de ce Triumvirat meurtrier, & qu'on leur redevoit cette nombreuſe eſcorte qui les ſuivoit. L'Apothicaire allégua pour ſa défenſe, qu'il avoit donné gratuitement des remédes aux pauvres. ,, C'eſt qu'il n'étoit pas content, re,, partit le Diable, des malades qu'il ,, tuoit pour de l'argent; & il en vouloit ,, aſſaſſiner par charité. Quoiqu'il en ,, ſoit, il a plus fait périr d'hommes ,, lui ſeul, qu'une guerre de dix années. ,, Il falſifioit toutes ſes drogues ; &, ,, ayant cauſé par ce moyen une mala,, die épidémique, il a tout nouvelle,, ment dépeuplé une Ville & vingt,, cinq Villages ''. Il fut condamné ſur le champ; & la difficulté ne roula plus que ſur le Médecin & le Chirurgien, qui divertirent beaucoup l'assemblée, en répétant plusieurs fois chacun de son côté : ,, Laissez-moi ,, mes Morts, & reprenez les vôtres. ,, Enfin ils furent expédiés.

L'on procéda ensuite à la condamnation d'un grave personnage qui paroissoit être seul. Mais on découvrit derriere lui un homme qui se couloit à pas de chat pour n'être pas remarqué. On lui demanda qui il étoit ? Il répondit d'un ton de complaisance, ,, qu'il étoit un homme ,, à bons mots. ,, Alors, le cœur affadi : ,, C'est Don Farceur, reprit à ,, haute voix un Diable ; il auroit dû ,, prévoir le contre-temps de sa vi- ,, site, & nous épargner sa présence ,, ennuyeuse ,,. Le Bouffon promit de se retirer, & qu'on pouvoit l'en croire sur sa parole ; mais on voulut profiter de la conjoncture, & il lui fallut prendre la route qu'on lui indiqua.

Il parut ensuite un Cavalier, si courtisan & si patelin, qu'il sembloit vouloir séduire la Justice même. Il faisoit mille révérences à droite & à gauche, &, de la main, tous les gestes d'un personnage Automate qui déclame un récit. Il portoit un collet antique, si haut & si large qu'on ne lui voyoit point de tête. Le Portier étonné à la vûe d'une pareille figure, lui demanda ʺ s'il étoit homme ʺ : & lui avec de profondes inclinations : ʺ Oui, dit il, foi de Che- ʺ valier ʺ ; & il commença un long dénombrement de titres & de qualités. Alors un Diable se mettant à rire : ʺ Voici, dit-il, une piece cu- ʺ rieuse pour l'Enfer ʺ ; & il lui demanda ce qu'il prétendoit. ʺ Le Pa- ʺ radis, répondit-il, & rien de ʺ plus ʺ. On le remit entre les mains du Maître des cérémonies infernales, pour le conduire où il méritoit.

Sa retraite fit place à quelques Précieuses, qui firent mille minauderies en voyant la figure des Diables. L'un de ceux-ci dit que » Vesta, que ces personnes avoient » fait profession de révérer, de- » voit prendre leur défense «. Bon, » dit un autre ! cette chasteté forcée » n'a rendu leurs ames que plus » noires «. » Vous avez raison, ré- » partit l'une d'entre elles ; & au- » cune de la troupe ne vaut pas mieux » que moi, quoiqu'on m'accuse d'a- » voir eû un mari en sept corps dif- » férens, & de n'avoir contracté » avec un homme que pour en avoir » mille autres «. Elle se condamna ainsi de la meilleure grace du monde, & dit seulement : » Que ne sça- » vois-je, que je serois damnée ! Je » ne me serois pas tourmentée à » faire tant de bonnes œuvres inu- » tiles «.

Quand tout cela fut fini, on en revint à Judas, à Mahomet & à Luther. Un Diable demanda d'abord, lequel des trois étoit Judas. Luther & Mahomet, prenant la parole rôle tous deux à la fois, dirent : « C'eft moi. » Mais Judas en eut tant de honte, qu'il cria de toutes fes forces : « Ce font des impofteurs ; » c'eft moi, Seigneur, qui fuis Judas ; » & vous fçavez combien je mérite » d'être préféré à des fcélérats auffi » pernicieux. Mon crime, quoique je » n'en aye pas goûté le fruit, a pro- » curé le falut du genre humain : le » leur n'a fervi qu'à fa perte. » On leur ordonna à tous les trois de fe retirer, & de donner la liberté de décider cette grande queftion ; & celui des Miniftres qui tenoit les pieces du procès, ne voyant, ni Procureurs, ni Huiffiers, pour fervir à ce Jugement, en fit appeller un grand nombre. Ils approchérent, l'air auffi embaraffé que les coupables. « Nous les tenons tous les » trois pour condamnés, dirent-ils ; » il eft inutile de faire d'autres re- » cherches «.

Ils n'avoient pas achevé ces mots,

qu'un Aſtrologue, chargé de globes, de tubes & de lunettes, dit en ſe préſentant : « Qu'on s'étoit trompé ; que ce ne pouvoit pas être encore le jour du Jugement ; que Saturne, ni ſes Satellites n'avoient pas achevé les révolutions qui devoient néceſſairement le précéder ». Alors un Diable, ſe tournant vers lui, & le voyant ſi chargé de bois & de carton : « Ami, dit-il, vous avez apporté fort ſagement de quoi vous brûler, devinant ſans doute que, de tous les cieux que vous aviez parcourus durant la vie, vous n'en retrouveriez aucun après la mort ; & qu'il vous faudroit prendre la route de l'Enfer ». « Je n'irai pas, reprit celui-ci » : « On vous y portera donc, répondit le mauvais Plaiſant ; » & il fut fait ainſi qu'il avoit dit.

L'audience finit par-là ; le tribunal diſparut, les ombres retournérent dans leurs retraites obscures, les zéphirs recommencérent leurs soupirs, la terre refleurit, les cieux reprirent un aspect plus riant. Le Juge suprême emmena les bons avec lui, pour les rendre heureux de son propre bonheur. Je restai seul au milieu de la vallée; mais en la parcourant, j'entendis un grand bruit, comme de personnes qui se plaignoient. J'avançai avec curiosité, & j'apperçus un grouppe de coupables, tourmentés dans une profonde caverne. Il y avoit, entre autres, un Juge en butte à tous les insolens qu'il avoit cru réprimer; un Notaire condamné à blanchir les papiers qu'il avoit souillés de ses fripponeries: plusieurs damnés étoient attachés avec des chaînes, formées des doigts crochus des Huissiers & des Alguazils. Il y avoit quelque chose de plus grotesque encore; sçavoir, un Médecin le nez cloué sur un bassin, & un Apothicaire la bouche coufue à fa feringue.

Ce furent les derniers objets qui me frappérent. Je fçus bon gré à ceux qui avoient ménagé cette fcène pour la fin d'une piece auffi tragique. C'étoit avoir pour moi les égards qu'on a communément dans les grands fpectacles, d'où l'on a foin de ne pas renvoyer les fpectateurs attriftés. Je repris ma route, le cœur calme, & l'efprit ferein. La beauté du payfage acheva de diffiper les vapeurs noires & fouterreines que je venois de refpirer, & je n'en eus que plus de goût pour les nouvelles aventures.

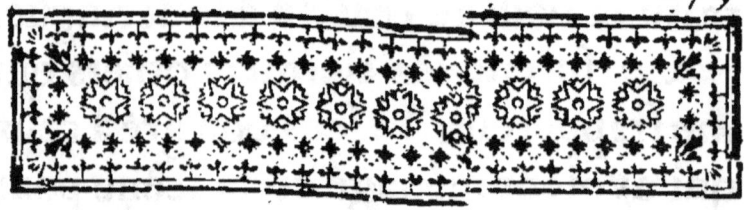

VOYAGES RÉCRÉATIFS DU CHEVALIER DE QUÉVÉDO.

LIVRE QUATRIÈME.

Descente aux Enfers.

JE RECOMMENÇAI mes courses, quelque temps après mon dernier voyage. J'errois au hasard dans la Campagne la plus délicieuse, que la nature ou l'imagination eussent jamais embellie. Qu'on ne me demande pas où c'étoit ; je serois assez embarassé de le dire. Mais qu'importe pour le fond de la chose qui n'en est, ni moins vraie, ni moins intéressante ? En tout cas un calme voluptueux régnoit dans ce lieu aimable, la vûe étoit enchantée par le spectacle des objets les plus flatteurs. Les ruisseaux murmurant entre la rocaille, & les zéphirs entre les rameaux des arbres, faisoient une sorte d'entretien, que nulle voix importune n'entreprenoit d'interrompre ; les oiseaux seuls s'efforçoient d'y répondre. Soit émulation pour l'emporter sur les sons qu'ils entendoient, soit reconnoissance pour les égaler, ils rendoient concerts pour concerts. Que l'homme est bisarre & peu fait pour la solitude ! Celle-ci toute charmante qu'elle étoit, n'eut pas de quoi fixer mon cœur inquiet.

Je portai les yeux de tous côtés, cherchant un chemin pour aller trouver compagnie. J'apperçus deux routes qui partoient du même endroit, & qui s'écartoient également à droite & à gauche, comme pour éprouver laquelle je prendrois. L'une n'étoit qu'un sentier raboteux, plein d'épines, & peu fréquenté. Je vis cependant quelques gens qui la suivoient, mais avec des travaux incroyables. Ils n'avoient, ni train, ni équipage ; ils marchoient seuls, piés nuds, & rougissant de leur sang leur trace pénible : ils étoient pâles & défaits : bien loin cependant de tourner la tête pour rebrousser sur leurs pas, ils n'aspiroient qu'à s'avancer avec une ardeur toujours nouvelle. Je demandai à l'un d'eux, s'il n'y avoit pas moyen de faire à cheval ce voyage difficile. » Ni che-
» val, ni mule, repondit-il tout en
» marchant, n'a jamais passé par
» ici. » En effet j'eus beau exami-

ner, je ne trouvai le pas d'aucune bête de monture, je ne vis aucune orniere, ni aucune indice que jamais il eût passé par-là des voitures. Toujours plus étonné, je demandai de nouveau à un homme accablé, qui s'arrêtoit un moment pour reprendre haleine, s'il n'y avoit point d'Auberges sur la route, pour se rafraîchir & pour loger. » Des Au- » berges ! vous voulez rire ; ou » vous ne connoissez pas ces lieux «. Il se léve à ces mots, & doublant ses pas : » Adieu, me dit-il brus- » quement, le temps est précieux, » & je le perds avec vous. « Il poursuit son chemin, trébuche à chaque pas, pousse d'amers soupirs, verse des larmes capables d'amollir les rochers qui lui déchiroient les piés : » Maudite soit cette route, dis-je » en moi-même ! Quoi ! outre les » peines excessives qu'il y a à la sui- » vre, les gens qu'on y trouve, sont » si revêches & si sauvages ! Tout

» ceci ne convient pas à mon hu-
» meur «.

Je l'abandonne à l'inftant, & je me jette fur la gauche, où j'appercevois des troupes entieres du plus beau monde, des équipages fans fin, des caroffes remplis de jeunes beautés plus fraîches que le lys, & que les rofes; des fuites nombreufes de Domeftiques & de filles de Compagnies; des Pages, des Ecuyers; en un mot tout l'attirail de la grandeur, & des gens d'honneur. Pour moi, qui avois toujours oui dire combien il importe de fuivre bonne compagnie, je pris ce chemin, d'ailleurs fi conforme à mon goût, ce n'étoient que réjouiffances & fêtes perpétuelles; on n'entendoit qu'éclats de rire, & que concerts raviffans; on ne penfoit qu'aux jeux & aux plaifirs. On ne remarquoit rien de cet air de pauvreté & de mifere de la route voifine. Il ne manquoit ici, ni Marchandes de mode, ni Jouailliers, ni Boutiques de goût, ni bonnes Auberges. En un mot, je ne sçaurois exprimer tout le plaisir que je ressentis au milieu de tant d'honnêtes gens ; quoiqu'il y eût cependant dans la troupe un bon nombre de Médecins & des Jurisconsultes, gens faits pour mon tourment, à ce que je pense, & que je retrouve partout où je puisse aller. Les Médecins & les Jurisconsultes formoient une longue Procession, fermée par des Juges Sexagénaires, & par les plus graves Magistrats : mais les enfans de Galien, autrement dits *Empoisonneurs Gradués*, formoient des bataillons tout entiers. Qu'on ne s'ennuie pas de revoir sur cette route bien des personnes dont j'ai déja parlé ; ce dernier voyage est le terme des autres, & l'on ne doit pas me sçavoir mauvais gré de ne rien laisser ignorer de l'histoire de mes Héros. D'ailleurs, s'il y a quelques redires, il ne faut pas être surpris qu'il n'y ait pas plus d'ordre dans le récit de ces folies, que dans ma tête.

Quoiqu'il en soit, la bonne humeur des Voyageurs sur la route gauche, me fit autant & plus de plaisir encore, que leur nombre. Si quelques-uns passoient de la gauche à la droite, il en passoit infiniment davantage de la droite à la gauche.

Peu soutenoient constamment des fatigues aussi excessives ; mais après avoir marché quelque temps, ils retournoient en arriere. Je ris fort sur-tout de l'entreprise téméraire de quelques piliers de taverne, qui, dans un accès d'yvresse qu'ils croyoient dévotion, s'étoient engagés dans le chemin étroit : ils n'y demeurerent pas long-temps ; ils virent couler des torrens de larmes ; & comme l'eau leur fait horreur, ils s'éloignerent avec précipitation, & repasserent de notre côté. Nous continuâmes à nous moquer de ceux qui ne les fuivoient pas ; & il n'y eût forte de raillerie que nous n'en fiffions : quelques-uns fe bouchoient les oreilles, ou ne faifoient pas femblant de nous entendre. D'autres s'arrêtoient pour nous écouter ; & convaincus par nos raifons, ou confus de nos moqueries, fe déterminoient à nous fuivre.

Outre les deux routes que je viens de dire, il y en avoit une troifiéme qui n'étoit ni la droite, ni la gauche, & que fuivoit un grand nombre de perfonnes, avec des peines égales à celles de la droite : de loin même, ils fembloient confondus avec eux ; cependant quand ils furent plus près, je m'apperçus qu'ils étoient des nôtres. Ils n'entroient pas dans notre chemin, quoique fi beau & fi facile ; ils fe tenoient fur la pente, je ne fçais par quelle bizarerie ; & ils nous cottoyoient avec des peines incroyables. On me dit que c'étoient les Novices de l'Enfer, qui se chargeoient de faire honneur à l'état, par les austérités, le jeûne, & par tous les travaux qui servent aux autres à gagner le Ciel, & qu'on les appelloit d'un autre nom, *hypocrites* ou *imposteurs*. Ils étoient suivis d'un grand nombre de femmes. Ce sexe dévot & tendre répétoit souvent, qu'elles avoient en eux une grande confiance; ce qui étoit la même chose dans leur style, que de dire qu'elles les aimoient beaucoup : elles leur baisoient souvent la main, n'osant rien de plus; elles les prenoient par la robe, elles en coupoient de petits morceaux qu'elles conservoient très-précieusement; non sans faire dire aux malins, que quand on aime tant l'habit, l'on n'est pas indifférent pour la personne. Ceux-ci se défendoient d'une maniere à inviter davantage; & je vis là le monde renversé : les femmes cajoleuses & faisant toutes les avances de notre sexe, tandis que les hommes faisoient toutes les minauderies des femmes. Ce langage étoit un peu extraordinaire ; mais il n'en étoit pas moins entendu : ces imposteurs, nourrissant leur orgueil d'humiliations, & dans le dessein de n'être pas crus, disoient qu'ils étoient les plus misérables des hommes : en quoi ils avoient très-grande raison ; puisqu'outre l'indignité de leur conduite contraire à leurs lumieres, ils ne jouissoient pas de cette vie avec ceux qui n'en attendoient point d'autre ; & ne se disposoient pas à jouir d'un bonheur à venir ; mais se tourmentoient, pour être tourmentés encore davantage dans la suite. Aussi marchoient-ils seuls, & personne ne se vouloit mêler avec eux.

Pour nous, nous allions tous en troupe, & nous faisions mutuellement notre plaisir. Il est vrai que tous médisoient les uns des autres ;

mais cela même contribuoit beaucoup à nous amufer. Seulement les Prudes, qui font en grand nombre fur le chemin de l'Enfer, faifoient bande à part, ainfi que les étourdis, qui avançoient à toutes jambes pour ne pas entendre les avis de certains Sages, plus fous dans le fond & plus malheureux qu'eux.

L'on voyoit, comme ici-bas, des riches, & des pauvres qui leur demandoient l'aumône; des Juges & des Plaideurs; des fuborneurs & des fauffaires; des Souverains & des Cours brillantes. Je vis des bataillons entiers de jeunes guerriers qui avançoient avec toute l'intrépidité qui les avoit conduits à l'ennemi; on auroit dit qu'ils n'avoient, ni ame, ni Dieu. Ils avoient cependant une ame; car ils l'avoient fouvent donnée au Diable; & ils n'étoient certainement pas Athées, puifque perfonne n'avoit eu plus fouvent le nom de Dieu en bouche. L'on entendit une infinité de Rodomonts vanter leurs exploits & leurs conquêtes : mais il ne s'agiſſoit que des triomphes de leur libertinage & de leur impudence. » Combien » n'en avons-nous pas mis en piéces, diſoient - ils quelquefois ! » Combien n'en avons-nous pas » jettés ſur le carreau ! » Il n'étoit queſtion que des verres qu'ils avoient briſés, & des flacons qu'ils avoient couchés par terre ! En effet je les examinai de près, & je vis leurs habits tachés de vin, & non de ſang ; j'apperçus beaucoup de bourgeons ſur leurs viſages, & je n'y vis, ni cicatrices, ni eſtafilades.

Il y avoit à la droite quelques vieux Militaires, la plûpart chargés de gloire, & non de récompenſes, qui entendoient tous ces propos inſenſés. Ils voyoient les ambitieux qui avoient des brevets, des placets, & des mémoires en main,

pour

pour faire valoir leurs services, dont ils espéroient beaucoup. » Camara- » des, leurs crierent-ils, quittez » ces vaines espérances, & passez » de notre côté : Ici la récompense » est sûre ; là les plus longs tra- » vaux sont inutiles. Vous comptez » beaucoup de campagnes faites à la » vûe de l'ennemi, mais vous en avez » encore plus fait dans les anti-cham- » bres. Ne mettez pas la premiere » vertu au prix des choses méprisa- » bles ; celui qui la pratique par » intérêt, & non pour elle-même, » est plutôt un vil mercénaire qu'un » homme valeureux. Rien de plus » noble que de donner généreuse- » ment son sang ; mais rien de plus » bas, que de le vendre : c'est se » ravaler à la condition de ces mi- » sérables, qui, à prix d'argent, per- » mettent aux Charlatans de faire » sur eux les épreuves les plus cruel- » les & les plus périlleuses. » Les vrais braves firent attention à ces sages conseils ; les fanfarons insulterent ceux qui les leur donnoient, les traiterent de poltrons, parce qu'ils n'étoient pas braves à leur mode, & ils continuerent à suivre le grand chemin.

Après cela je vis des femmes qui faisoient la route, ornées des présens des hommes, & les hommes qui les suivoient, en demandant le prix de leurs présens : mais le nombre des Créanciers étoit grand, & l'affaire n'étoit pas aisée à accommoder. Une chose me surprit beaucoup : à mesure qu'on avancoit dans les deux routes, & qu'on approchoit du terme, celle qui avoit été étroite & pénible, s'élargissoit & s'applanissoit ; & le chemin large devenoit rude & fatiguant ; de sorte que plusieurs Voyageurs qui croyoient s'être trompés dans le choix, passoient de l'une à l'autre. Ma surprise augmenta à l'occasion que je vais dire. Ayant apperçu une Dame de bonne façon qui alloit en Enfer sans carosse, sans chaise à porteur, & sans aucune suite, je cherchai des Procureurs, ou des Notaires qui sçavent le fort & le foible de toutes les familles, pour apprendre la raison de ce qui me paroissoit si extraordinaire : je n'en pûs trouver aucune ; je conclus de là que je ne pouvois être sur le chemin de l'Enfer, puisqu'il n'y avoit point de gens de chicane. Il ne me restoit qu'un sujet de doute, c'est que j'avois toujours oui dire que le chemin du Ciel étoit plein de croix & d'autres objets affligeans ; & je ne voyois autour de moi que jeux & que réjouissances. Mais mon embarras fut levé, quand j'eus découvert une foule d'hommes mariés, accompagnés de leurs femmes que je me figurai facilement être leurs croix ; & ces bons hommes, de vrais pénitens qui jeûnoient pour les régaler, &

Q ij

qui ne portoient que des habits grossiers pour fournir à leur vanité. Je ne doutai plus que nous ne fussions dans le bon chemin ; & je prenois en toute assurance, pour un signe de salut, ce qui est au contraire un Enfer dès cette vie, lorsque j'entendis crier derriere moi : » Qu'on laisse passer les » Chirurgiens, & les Apothicaires. » *Des Chirurgiens & des Apothi-* » *caires*, repris-je hors de moi- » même ! Nous allons donc en En- » fer ; » & il ne fut que trop vrai. Car, à l'instant même, nous nous y trouvâmes, par une porte semblable à celles des Souricieres, où l'on entre aisément, & d'où il est impossible de sortir.

Il est étrange que personne ne se fût avisé, durant tout le chemin, de dire que nous allions en Enfer. Mais tous répéterent cent fois avec consternation, si-tôt qu'ils y furent. » Nous voici en Enfer, ç'en est

» fait, nous y voici. » Tout le monde se livra aux regrets & aux gémissemens, excepté une troupe de vieilles coquettes, maigres & desséchées comme des Sauterelles. Elles lisoient sur une inscription qui étoit au vestibule infernal : *Ici il n'y a que pleurs & que gémissemens de dents.* Alors la plus vieille de la troupe prenant la parole ; » Si ce
» sont là, dit-elle, tous les maux
» de l'Enfer, qu'avons-nous à crain-
» dre ? Nous sommes si dures & si
» séches, que nous n'avons plus de
» larmes à répandre ; & pour les
» grincemens de dents, comment
» pourrions-nous en faire, puisque
» toutes nos dents nous manquent ? »
Pour moi je le pris sur un autre ton. Je regrettai amis, parens, plaisirs, tout ce que j'avois laissé dans le monde. Je me retournai vers l'endroit d'où j'étois venu : je vis arriver un très-grand nombre de gens de connoissance, & je me consolai

un peu dans l'espérance d'adoucir, par la société, un séjour qu'on trouvoit insupportable dès le premier moment qu'on y mettoit le pié.

Je m'avançai donc; mais je me trouvai au milieu d'une troupe de Procureurs, qui se serroient les uns les autres à la vûe des Diables; comme fait un troupeau de moutons à la vûe d'un loup. Sept de ces surveillans cornus prenoient à la premiere porte les noms de ceux qui entroient. Ils me demanderent le mien; ce n'étoit pas ce qu'ils cherchoient : on me laissa passer. Ils questionnerent ensuite mes compagnons qui répondirent qu'ils étoient Procureurs. » C'est une cho-
» se étrange, dit l'un des Diables;
» on diroit que l'Enfer n'est fait que
» pour les Procureurs, tant il nous
» en vient. Et combien êtes-vous ?
» nous sommes cent, répondirent-
» ils. Il n'est pas possible qu'il y en
» ait si peu, dit le portier expert; &

» le moins qu'il nous en vienne cha-
» que jour, est trois ou quatre mil-
» le : je ne sçais plus où les loger,
» & si j'en dois recevoir davanta-
» ge «. A ces mots ils craignirent
déja qu'on ne leur refusât l'entrée.
Cependant on les laissa passer, comme par grace ; & je fus fort surpris
qu'il y eût des hommes si méchans,
qu'on fît difficulté de les recevoir
en ce lieu. J'en remarquai un entre
autres, petit de stature, la physionomie sinistre, le front serré, les
yeux enfoncés, la barbe raze, le
poil roux, & la voix glapissante,
qui, accoutumé à être rebutté par-
tout, s'applaudit beaucoup de se
voir introduit, & qui commençoit
déja à chercher quelque sujet de
chicane, & à augmenter le trouble infernal. Au même instant un
Diable, qui avoit l'air d'avoir été
fort & vigoureux, mais pour lors
boiteux & bossu, sort de son antre, & saisissant nos chicaneurs,

les jette dans une profonde fournaise en criant : *gare le bois*. Je m'approchai de ce Diable par curiosité ; & je lui demandai, pourquoi il étoit ainsi contrefait. Il me répondit briévement, en homme fort affairé : « Mon district est ce qui regarde les » Procureurs ; autrefois j'étois assez » simple pour les aller chercher » dans le monde, & les apporter » ici. Ce bel ouvrage m'a estro- » pié de la sorte. Je suis plus au » fait à présent : je les laisse venir » d'eux-mêmes ; il en arrive beau- » coup plus que je n'en pouvois ap- » porter ; & j'ai encore fort à faire » de les jetter dans la fournaise ; je » les rebutterois même, si ce n'étoit » qu'ils sont le meilleur bois qu'on » brule en Enfer ». Au moment qu'il parloit, le monde pour s'en purger, en vomit une nouvelle troupe ; & la place devenant trop étroite, je me retirai pour laisser travailler librement le Diable boiteux.

J'enfilai

J'enfilai une allée étroite & obscure, où je m'entendis appeller par mon nom. Je portai les yeux du côté d'où venoit la voix, non sans quelque frayeur; &, à travers des tourbillons de fumée, j'entrevis un homme, à la faveur du feu qui le brûloit. » Me reconnoissez-vous, me » dit-il, & auriez-vous cru que vo- » tre Libraire dût être traité de la » sorte? Quoi! C'est vous, lui dis-je » d'un grand air d'étonnement? » Mais dans le fond je n'avois jamais rien attendu autre chose pour lui; parce que sa boutique étoit véritablement le champ de bataille de l'obscènité, de la calomnie, & de l'Athéisme; &, au lieu de prendre l'enseigne & l'inscription de Libraire, il auroit pris avec plus de justice l'affiche de Recruteur pour les lieux de corruption. Je le considérois d'un œil attentif, & d'un air rêveur: » Que voulez-vous, me dit-il? Les » autres ne sont condamnés que pour

R

„ leurs crimes, & nous le fommes
„ pour ceux d'autrui ; pour avoir
„ donné lieu aux femmes mêmes de
„ dogmatifer, de tenir, fur l'Auteur
„ de leur Etre & fur la nature de
„ leur ame, des propos qui perfua-
„ dent effectivement, que fi elle eft
„ fpirituelle, elles mêmes ne font
„ pas purement efprit. „ Il en auroit
dit davantage, fi un Diable ne lui
eût coupé la parole & la refpiration,
en lui brûlant fous le nez quelques-
uns de fes volumes dont il lui lut
auparavant les infamies. Je m'enfuis
à ce fpectacle, en difant au dedans
de moi-même : „ Que doivent crain-
„ dre ceux qui font le mal, fi l'on
„ traite ainfi les autres à leur occa-
„ fion ? „

Cette penfée m'occupoit, quand
j'entendis les gémiffemens effroya-
bles d'une troupe de gens que les
Diables accommodoient de toutes
pieces à grands coups de fouets. Je
demandai ce que c'étoit ; & un

Diable crotté, chauve, camard, d'un air & d'une contenance à faire tête aux plus hardis Porte-faix, me répondit, " que c'étoient des " Cochers, fort honteux de voir " leurs fouets dans la main des Dia- " bles ". " Mais pour quelle raison, " repris-je, sont ils tourmentés de " la sorte " ? " Monsieur, réplique " un vieux Cocher, à la barbe rousse " & au regard insolent, on ne nous " traite si indignement, que parce " que nous sommes venus en bonne " compagnie aux Enfers ". " Tu " mens avec impudence, répartit " aussi-tôt le Diable : tu sçais fort " bien les rendez-vous où tu condui- " sois, & tous les crimes que tu as " facilités dans ton indigne mé- " tier ". " Comment en parlez- " vous, réplique le Cocher avec " l'audace d'un domestique de " jeune Marquis, & comme s'il eût " encore été sûr d'être appuyé ! In- " digne métier ! Il n'y en a point de

» plus honorable dans le monde.
» N'eſt-ce pas nous qui faiſons tout
» l'honneur de nos Maîtres ; & ſans
» leurs brillants équipages , leurs
» courſes bruyantes , & les allar-
» mes que nous donnons à tous les
» paſſans , ſçauroit-on ſeulement
» ce que c'eſt que de jeunes Sei-
» gneurs ? Combien de beautés mal-
» faites ou boiteuſes , qui ne ſont
» avantageuſement que dans le
» fond d'un caroſſe , & dont l'é-
» clat terni brille plus que celui
» des vieux tableaux à travers des
» glaces « ? » Quelle éloquence
» pour un Cocher , dit le Diable !
» Il ne finiroit pas ſi on le laiſſoit
» tranquille «. » Mais quelle inju-
» ſtice de nous maltraiter de la ſor-
» te , répliqua encore le Cocher ! Il
» n'eſt point de ſervices que nous
» ne vous rendions ; nous ſommes
» vos meſſagers ordinaires ; & nous
» vous remettons toujours la mar-
» chandiſe la plus précieuſe dans le

» meilleur état. Si nous en faisions
» autant pour tout autre, il n'y
» auroit point d'obligations qu'il
» ne nous eut. Direz-vous, que
» vous me faites ce traitement
» pour avoir conduit mes Maîtres
» ou mes Maîtresses à l'Eglise ?
» Mais, outre que cela m'est
» arrivé fort rarement ; vous serez
» obligé de convenir que ces
» lieux de piété ne vous étoient
» guère moins avantageux que les
» plus profanes «. Le Diable, fatigué de tant de verbiage, ne lui répondit que par une horrible volée de coups d'étrivieres, qui força le Déclamateur de le prendre sur un autre ton ; & moi, qui ne pus soutenir cette scène cruelle, de m'éloigner au plutôt.

Je passai de-là sous des voûtes où régnoit un froid si pénétrant, que j'en fus d'abord saisi, & que j'en tremblai de tous mes membres. Je demandai, fort étonné de sentir du froid en Enfer, ce que cela vouloit dire. Alors un Diable s'approchant en boittant, les mules aux talons, les griffes enflées & crevassées d'engelures, » Monsieur, me » dit-il, ce froid provient de ce que » voici le quartier des Bouffons & » des mauvais Plaisans, dont on » est las dans le monde. Ils ne sont » pas moins insupportables ici ; & » nous les tenons à part, parce que » s'ils étoient en liberté, ils seroient » capables d'amortir la vivacité du » feu qui tourmente les damnés «. Je demandai la permission de les voir ; il me la donna. Je m'approche, quoique saisi de frissons semblables à ceux de la fiévre, & je vis le plus infâme logement que j'eusse encore vû, & qu'on aura peine à s'imaginer : ils se tourmentoient eux-mêmes par la répétition éternelle de leurs fades plaisanteries. Je remarquai entre ces Bouffons bien des gens que j'avois tou-

jours crus gens d'honneur. J'en demandai la cause : le Diable me répondit, ″ que c'étoient les flateurs.
″ Bouffons de premiere Classe ; &
″ dont nous faisons quelque cas,
″ ajouta-t-il ″. ″ Pourquoi donc,
″ repris-je, sont-ils condamnés?
″ Nous ne les forçons point à venir
″ ici, dit-il ; mais c'est une espece de
″ gens qui s'insinue par-tout, & qui
″ arrive, comme on dit ordinaire-
″ ment, soleil couchant & table mi-
″ se. Dans le fond nous n'en sommes
″ pas fâchés, & nous nous en accom-
″ modons fort bien; parce qu'ils sont
″ Diables pour eux & pour autrui,
″ & qu'ils nous épargnent bien des
″ travaux. Ils sont d'ailleurs les
″ damnés les plus dociles du monde,
″ ayant fait, toute leur vie, l'ap-
″ prentissage des peines & de l'op-
″ probre de l'Enfer. Ils sont accou-
″ tumés à ramper & à souffrir, à prix
″ d'argent ; &, semblables à ces
″ Jongleurs qui se font arracher les

» poils de la barbe, ou donner des
» *croquignoles* au visage pour quel-
» ques pieces de monnoie, plusieurs
» d'entre eux souffrent de la meil-
» leur grace du monde les plus rudes
» tourmens que nous puissions leur
» faire endurer. Ils se plaignent seu-
» lement à la fin de ce qu'ils ne sont
» pas récompensés.

» Voyez-vous cet autre, pour-
» suit-il ? C'est un mauvais Juge qui
» mérite place entre les Bouffons
» de cette derniere classe ; par
» complaisance & par flatterie, il a
» refusé de rendre justice ; & , au
» lieu de redresser les torts, il faus-
» soit du moins les droits, quand il
» ne les courboit pas tout-à-fait. Là
» est un mari commode, mis aussi
» au nombre des bouffons, pour
» s'être rendu ridicule afin de
» plaire à d'autres ; il a mis son
» droit à l'enchere, & traité sa
» femme comme une terre de rap-
» port, ou comme un fond arrenté.

» Là est une Dame, & une Dame
» du premier ordre, rangée parmi
» les bouffons avec plus de justice
» qu'aucun d'eux : elle étoit fiere au-
» dehors, mais dans son domesti-
» que, elle n'étoit rien moins qu'in-
» humaine. Il y a enfin des bouffons
» de tout état, que vous pourrez re-
» connoître, si vous les observez de
» près ; & il y en a tant qu'on vous
» pourroit traiter de bouffons, tous
» tant que vous êtes dans le mon-
» de ; puisque vous ne faites que
» médire & plaisanter les uns des
» autres : ensorte que le nombre des
» bouffons qui le sont par état &
» par artifice, n'est rien en compa-
» raison de ceux qui le sont naturel-
» lement. Il y a des bouffons isolés ;
» il y a des bouffons en grouppe.
» Les premiers sont ceux qui vont
» seuls ou deux à deux, divertir les
» Valets qui servent à table chez
» les Seigneurs, & les Maîtres qui
» ne pensent pas plus délicatement.

« Les autres forment ces sociétés entieres qui se rassemblent aussi régulierement que les farceurs publics, & où les gens sensés craignent si fort de se rencontrer. Je vous assure que nous ne les craignons pas moins que les hommes peuvent les craindre; & bien loin de les aller chercher sur la terre, nous trouvons fort mauvais que vous vous mettiez sur le pié de vous en décharger, en nous les envoyant. »

Au moment même les bouffons se prirent de parole entre eux ; la querelle s'échauffa promptement ; l'émeute alloit commencer : le Diable accourut pour voir ce que c'étoit. Je profitai du moment, & j'entrai dans une cour, où l'odeur de la poix me prenoit au nez. « Je gagerois, dis-je en moi-même, que c'est le quartier des gens de la manique ». Effectivement je ne fus pas long-temps, sans ouïr le bruit

des formes qu'on remuoit, & j'apperçus un Arfenal de tranchets. Je me ferre le nez avec les doigts, & j'avance la tête au-deſſus de la priſon enfoncée, pour voir s'il y avoit beaucoup de monde. J'en vis une quantité prodigieuſe. Le gardien me dit, „ qu'il lui en arrivoit une infi-
„ nité chaque jour, fur-tout les jours
„ des Fêtes & les lendemains, mais
„ qu'il n'en étoit pas plus avancé
„ pour le travail qu'ils devoient fai-
„ re. Car vous ſçaurez, pourſuit-il,
„ que le plus rude Enfer de ces mi-
„ férables, eſt le travail ; ils ai-
„ moient mieux mourir de faim fur
„ la terre que de s'occupper aſſidu-
„ ment : ils apportent ici cette pa-
„ reſſe ; & ils ne me parlent que de
„ récréations & de jours de Fêtes :
„ jugez ſi j'ai fort à faire pour les
„ appliquer à des travaux qui n'ont
„ ni fin, ni interruption.

Je vis plus loin une caverne immenſe, où l'on jettoit pêle-mêle les

Traiteurs & les Rotisseurs, les Pâtissiers, les Cuisiniers, les Aubergistes, ou gens tenant Hôtel. La quantité en étoit inconcevable. Mille Diables ne pouvoient suffire à enregistrer ceux qui arrivoient; des légions entieres étoient occupées à leur mettre les fers aux mains. » Malheureux que nous sommes, dit
» l'un en passant, on nous condam-
» ne pour le péché de la chair, sans
» qu'on nous reproche d'avoir eu
» commerce avec aucune femme.
» Infâme, reprit un Diable d'un
» ton & d'un air indigné, qui mérite l'Enfer plus justement que
» vous ? Que d'ordures n'avez-vous
» pas fait manger ? Que de sales
» animaux ? Et s'ils ressuscitoient
» comme les hommes, dans combien d'estomacs n'entendroit-on
» pas miauler & abboyer ? Pour les
» vins & les liqueurs, que de mensonges impudens, que de parjures
» n'avez-vous pas faits ? Que de

» mêlanges empoisonnés pour don-
» ner une féve étrangere ? Aussi ri-
» dicules & plus criminels que les
» Alchymistes, vous avez entrepris
» de changer en liqueurs exquises
» les plus mauvais breuvages, com-
» me ils s'efforcent de faire l'or des
» plus vils métaux. Brûlez, brûlez,
» & enragez de soif au milieu de ces
» brasiers : tout le monde nous sçait
» bon gré des tourmens que nous
» vous faisons endurer. Vous avez
» bonne grace de vous plaindre :
» nous avons plus à faire pour vous
» tourmenter, que vous, pour souf-
» frir. Et vous, me dit-il, d'un air
» fort brusque, passez votre che-
» min : tous doivent être occupés
» ici, & nous n'y avons que faire
» de spectateurs oisifs. «

Je ne demandai pas mon reste, & je m'éloignai bien vite d'un Diable si incivil, en comparaison des autres. Je trouvai près de-là une horrible fournaise, où les ardeurs du feu étoient entretenues sans relâche dans le plus vif dégré ; les lâches délateurs, les rapporteurs & les médisans, tous les mauvais génies qui avoient fait métier de semer la zizanie & de souffler la discorde, étoient forcés par les gardes vigilans à souffler sans-cesse, & à entretenir ces ardeurs immortelles.

J'apperçus un Marchand qui étoit mort depuis peu ? » Quoi ? c'est » vous, lui dis-je, en le nommant » par son nom, qu'en pensez-vous à » présent ? N'eût-il pas mieux valu » vous enrichir moins vite, que de » venir ici pour toujours « ? Il fut si honteux, qu'il n'osa me répondre ; mais l'un des bourreaux, au pié fourchu, prenant la parole : » Il voulut, » dit-il d'un air malin & ironique „ tirer de l'eau des pierres par la vertu » de son aune, comme si c'eût été la « verge de Moyse ; & il ne pensoit » pas que cette fortune dût finir. Tous ces Marchands sont de bra-

» ves Chevaliers qui font la con-
» quête de l'Enfer à la pointe de
» leur aune, comme à la pointe de
» l'épée. Mais peuvent-ils douter
» que les stratagêmes de leurs Bou-
» tiques n'éprouvent tôt ou tard
» cette représaille. Remarquez au-
» près de celui-ci & de ses sem-
» blables leurs compagnons insé-
» parables, les Orfévres & les
» Joailliers, qui furent si opulens,
» quoiqu'ils n'eussent d'autres fonds
» que la folie des hommes. Car si le
» monde, par impossible, se fût trou-
» vé sage un seul jour, ces gens au-
» roient été réduits à la mendicité ; on
» eût reconnu dès-lors, que l'or ci-
» zelé, & les broderies, les perles,
» les diamans & toutes les autres
» pierres qu'on nomme précieuses,
» ne sont pas estimées, parce qu'el-
» les sont d'un usage fréquent & né-
» cessaire ; mais au contraire parce
» qu'elles sont rares & inutiles. Fai-
» tes donc attention que ce qui don-

» ne le prix à ces fortes de choses,
» n'est que la vanité humaine : dé-
» faut auquel ces misérables que
» vous voyez brûler, fournissoient
» son aliment, ainsi qu'à bien d'au-
» tres désordres qu'entraîne celui-
» ci. «

Le Diable déclamateur n'avoit pas encore l'air de vouloir finir. Je le laissai, & m'avançai d'un autre côté, où j'entendois de grands éclats de rire. La chose étoit surprenante pour moi, d'entendre rire en Enfer ; & j'en cherchois la cause, quand j'apperçus deux figures fort extraordinaires, montées sur une butte, & parlant d'un ton fort élevé. L'un avoit la fraise & le manteau, la culotte à la Suisse, les manchettes aussi grandes que la fraise, & la fraise aussi grande que la culotte. L'autre habillé plus lestement avoit à la main un grand parchemin, d'où pendoient de gros placards de cire en forme de sceaux. A chaque parole

le qu'ils difoient, une troupe de fept à huit mille Diables étouffoient de rire : ce qui mettoit nos orateurs en furie. Je m'avance avec empreffement, pour entendre de quoi il s'agiffoit : celui qui tenoit le parchemin, & qui étoit de grande extraction, à ce qu'il contoit, expofoit fa généalogie : « Oui, je fuis fils de
» Don Diégo, Seigneur de tel &
» de tel endroit, petit-fils de Don
» Manuel, arriere petit-fils de Don
» Alvaro ; & je compte, parmi mes
» ancêtres paternels, treize Géné-
» raux qui furent autant de fou-
» dres de guerre. Du côté de ma
» mere Dona Rodriga, je defcends
» en droite ligne de cinq Docteurs,
» les plus profonds de l'Univers ;
» les uns & les autres inconteſta-
» blement de la race des anciens
» Chrétiens : comment peut-on
» avoir l'audace de me condamner ?
» Voilà mes titres en bonne forme :
» je fuis né indépendant ; & je ne

» dois pas répondre à la canaille
» telle que vous. « Le Diable perdit patience, &, le prenant lui & ses titres, les jette avec sa fourche dans la chaudiere, en disant : » Apprends
» qu'il n'est rien de si insensé que
» de se prévaloir du nom de ses an-
» cêtres, quand on ne leur ressem-
» ble pas, & qu'on n'a été qu'un
» misérable comme toi. C'est de
» leurs vertus qu'il falloit te parer,
» & non de leurs titres. Sans cette
» preuve, toutes les autres sont
» fausses ; elles peuvent tromper les
» hommes durant la vie : mais elles
» ne tiennent point contre les re-
» cherches de l'Enfer ; & notre
» Chancellerie annulle enfin tou-
» tes les Lettres. L'homme vertueux
» est le vrai noble, de quelques
» ayeux qu'il descende. Que sert-il
» d'être issu du sang des anciens
» Chrétiens, si l'on a moins de ver-
» tu que les Juifs & les Mo-
» res ?

Puis se retournant vers moi :
« Vraiment, poursuivit-il, vous
» êtes bien fous, vous-autres hom-
» mes, & bien ridicules dans vos
» prétentions. Tes erreurs me font
» pitié, toi à qui l'on a accordé la
» faveur de descendre ici sans être
» obligé d'y rester; il faut que je
» t'instruise. Les hommes extrava-
» guent absolument, quand ils par-
» lent de noblesse, d'honneur & de
» bravoure. Pour ce qui est de la
» noblesse, ne leur suffit-il pas que
» leurs peres ayent été nobles, pour
» se persuader qu'ils le sont eux-mê-
» mes, quelque inutiles ou quel-
» que pernicieux qu'ils soient dans
» le monde? L'enfant né de la lie du
» peuple, ne peut, avec tout le mé-
» rite imaginable, aspirer à certains
» postes qu'il rempliroit parfaite-
» ment; & celui qui est issu d'ayeux
» distingués, est, sans autre mérite,
» élevé aux emplois les plus hono-
» rables & les plus difficiles; com-

S ij

« me si ses peres suppléoient pour
« lui. Les vertus des gens morts de-
« puis cinq ou six siécles, font un
« mérite pour un homme vicieux ;
« & les vertus personnelles n'en
« peuvent faire pour un homme
« de basse extraction. »

Le Gentilhomme vêtu à l'antique, & qui ne sçavoit pas encore quel seroit son sort, trembloit de tous ses membres, en entendant cette morale qui ne lui pronostiquoit rien de bon. Mais le Diable Orateur étoit en haleine, & la Scene ne devoit pas finir si-tôt. « Que dirai-je,
« reprit-il, de l'honneur dont les
« hommes ont si souvent le nom
« dans la bouche ? Y a-t-il une tyran-
« nie plus fâcheuse que celle-ci, qui
« les fasse souffrir davantage, & qui
« les réduise à de plus rudes extré-
« mités ? Un homme de certaine
« naissance meurt de faim, n'a pas
« de quoi se vêtir, ou devient vo-
« leur pour se tirer de la misere ; &

» cela par honneur, parce qu'il ne
» veut pas, dit-il, faire un métier
» qui soit au-dessous de lui. Tout
» ce qu'on souffre de peines & de
» déboires, on dit que c'est par
» honneur. O effets malheureux de
» l'honneur ! L'on en prononce le
» nom avec emphase, & lorsqu'on
» veut examiner de près ce que c'est,
» on trouve que ce n'est qu'une chi-
» mere. On jeûne par honneur,
» tandis qu'on a très-bon appétit.
» Par honneur, cette veuve vit
» dans l'ennui & l'affliction ; cette
» beauté fiere est vierge & martyre ;
» cette femme, qui déteste son mari,
» est réguliere. L'honneur fait af-
» fronter les orages aux hommes
» pour amasser du bien, ou leur en
» fait dépenser plus qu'ils n'en ont ;
» il détruit les hommes par la main
» des hommes : ensorte que l'hon-
» neur n'est que la gêne du corps
» & de l'ame, qu'elle prive égale-
» ment de leurs goûts & de leurs

» plaisirs. Et, pour vous faire connoî-
» tre sensiblement votre travers,
» pour vous faire toucher au doigt la
» vanité des choses que vous estimez
» le plus, il ne faut que sçavoir ce
» qu'elles sont. Ne sont-ce pas les
» richesses, la vie, & l'honneur?
» Or votre honneur dépend de la
» sagesse de vos femmes ; vos vies,
» de l'habileté de vos Médecins ; &
» vos fortunes, de la probité des
» Gens de robe. » Je sentis la force
de ce discours, & je dis : » Enflons-
» nous encore d'orgueil, misérables
» mortels que nous sommes ; on
» expie durement cette folie en En-
» fer : peut-on concevoir un tour-
» ment plus cruel, que d'être con-
» traint d'entendre des vérités si
» ameres ! »

Le Diable cependant poursuivoit
sa harangue, & parla enfin de la
bravoure. » Est-il quelque chose,
» dit-il d'abord, plus digne de risée
» que ce beau nom, puisque ne si-

» gnifiant rien qui exiſte réellement,
» tout le monde ſe croit plein de
» bravoure ? C'eſt une vérité con-
» ſtante, que tous les grands ex-
» ploits des hommes, & des plus
» fameux Capitaines qui ayent ja-
» mais été, ne ſont pas l'effet de
» la valeur, mais de la crainte.
» Celui qui combat en apparence
» pour défendre la Patrie, ne com-
» bat que par la crainte qu'il a d'un
» plus grand mal, tel que la capti-
» vité, ou la mort. Celui qui s'ar-
» me pour quelque Conquête, le
» fait quelquefois de peur qu'on ne
» le vienne attaquer chez lui ; quel-
» quefois par avarice, c'eſt-à-dire,
» par la crainte de l'indigence.
» Quelle valeur trouve-t-on à in-
» quiéter & à dépouiller les Peu-
» ples que la Nature avoit pris un
» ſi grand ſoin de prémunir contre
» l'ambition des Conquérans, en
» mettant de vaſtes Mers ou de
» grandes chaînes de Montagnes

» entre deux ? Le Vainqueur, qui se
» glorifie du nombre des morts qu'il
» a laissés sur le champ de bataille,
» n'a si bien combattu que par la
» crainte de périr lui-même. Par le
» même principe, vous-autres hom-
» mes qui prenez en tout le contre-
» pied de la raison, vous appellez
» *sot* ou *petit génie*, celui qui n'est
» pas pernicieux à l'Etat & à la So-
» ciété ; & vous nommez *sage*, le
» fourbe ou le Citoyen séditieux :
» Vous appellez *vaillant*, le pertur-
» bateur du repos public, & *lâche*,
» celui qui, né avec des mœurs
» douces & aimables, ne fait pas
» naître des troubles que vous de-
» vriez conspirer unanimement à
» prévenir : c'est-à-dire, que vous
» blâmez ceux qui sont d'un cara-
» ctere qui évite, ou qui réprime
» les vices. »

L'Orateur finit par là sa harangue. » Quelle merveille, repris-je
» tout hors de moi-même, d'enten-
» dre

« dre un Diable tenir de si bons dis-
» cours ! Je ne voudrois pas, pour
» tout l'or du monde, ne l'avoir pas
» entendu. Tout cela est bon, dit
» le second Gentilhomme dont nous
» avons parlé, & qui se croyoit
» fort différent du premier ; tout
» cela est bon, pour cet ennobli
» qu'on ne connoîtroit pas sans les
» parchemins ; mais pour moi qui
» suis d'un nom célébre depuis si
» long-temps, qu'on en ignore l'o-
» rigine, pour un homme de la
» premiere qualité, on doit faire
» quelque distinction ; » & il se mit
à parler d'extraction & de noblesse,
de la différence des conditions, d'u-
ne maniere vraiment comique. Il
répéta les noms de *Gentilhomme* &
de *Chevalier*, si souvent que les
Diables mouroient de rire. Il fut fort
piqué de se voir manquer de respect
à ce point ; & il commençoit à se
fâcher tout de bon, lorsqu'un Diable
badin s'approchant ; » Mon Gentil-

T.

» homme, lui dit-il, méprisez cette
» canaille insolente, ordonnez; que
» faut-il faire, & de quel usage puis-
» je vous être ? Disposez souveraine-
» ment de ma personne; je suis prêt
» à tout pour vous faire honneur.
» Ah, mon ami, répond-il, on me
» manque ici, parce que je n'y ai
» pas les Officiers de ma Maison:
» voudriez-vous me servir de Page
» ou d'Ecuyer ? » Les Diables à ces
mots se mirent à rire plus fort que
jamais, & mon Chevalier en devint
plus furieux. Je prévis que cette Scene
qui plaisoit tant aux Diables, ne finiroit pas si-tôt; &, comme j'avois
déja donné bien du temps à ce spectacle, tandis qu'il en restoit tant
d'autres, je poursuivis ma route.

Je trouvai assez près de là un
grand étang, plein d'une eau crou-
pie & fangeuse, où l'on faisoit perpétuellement un bruit insupportable. Je demandai ce que c'étoit, &
l'on me répondit » que c'étoit le

» lieu où souffroient & croassoient
» ces vieilles sempiternelles, qui
» dans le monde avoient fait l'office
» de Surveillantes, & qui sont les
» grenouilles de l'Enfer. Elles y sont
» aussi bruyantes & aussi incommo-
» des que ces animaux, parlant éter-
» nellement, inventant & dénon-
» çant à tort & à travers, ne se plai-
» sant que dans le trouble & l'in-
» fection, comme ces amphibies,
» & n'étant non plus qu'eux, ni
» chair, ni poisson. » Je ris de bon
cœur de les voir changées en ces
infectes toujours maigres & décharnés, les jambes & les bras parfaitement ressemblans à ceux des squé-
lettes ou de la mort, & dont la tête
est encore plus hideuse & plus dé-
goutante que le reste du corps.

J'avançai en laissant cette mare à
gauche, & j'entrai dans un grand
enclos, où il y avoit nombre infini
de gens déja sur l'âge qui se lamentoient, en s'arrachant les cheveux

& en se déchirant le visage. Je demandai pour quelle raison ce nombre prodigieux de gens âgés étoient là rassemblés. On me répondit » que
» c'étoit le quartier des peres dam-
» nés pour avoir enrichi leurs en-
» fans, & qu'on l'appelloit ordinai-
» rement *le quartier des insensés.*
» Malheur à moi, s'écria à l'instant
» l'un d'entre eux ! Je ne me suis
» pas accordé un jour de repos dans
» toute ma vie : je m'épuisois de
» soins & de fatigues, je m'épar-
» gnois le nécessaire pour amasser du
» bien à mes enfans, & pour aug-
» menter celui que je leur avois
» amassé, sans jamais me donner
» de relâche. Je suis mort enfin,
» plutôt que de toucher aux trésors
» que j'avois accumulés ; & à peine
» eus-je rendu le dernier soupir,
» que mon fils m'oublia. Il ne versa
» pas une larme sur mon tombeau ;
» & peu s'en fallut qu'il ne prît pas
» le deuil ; & jugeant sans doute que

» j'étois en Enfer, par la fortune ra-
» pide que je lui laiſſois, il ne fit
» pas faire pour moi les moindres
» prieres, il n'exécuta aucune de
» mes dernieres volontés ; à préſent
» pour mon déſeſpoir je vois d'ici,
» par un juſte jugement, le mépris
» qu'il fait de toutes les peines que
» je me ſuis données, & comment
» il inſulte à mon malheur. Il eſt
» tard d'y penſer, lui dit un Dia-
» ble : N'aviez-vous pas ſouvent
» oui dire ce Proverbe dans le mon-
» de ; *Heureux les fils dont les peres*
» *ſont damnés* ! » A ces mots, toute
la troupe recommença à pouſſer des
hurlemens affreux, & à ſe déchirer
le corps de déſeſpoir : ce qui me fit
tant de peine, que je n'en pûs ſup-
porter la vûe plus long-temps.

Je trouvai plus loin une priſon,
affreuſe par ſon obſcurité, & plus
encore par un bruit effrayant de
chaînes qu'on y traînoit, de coups
de fouets qui retentiſſoient au loin,

& de cris perçans qu'on pouffoit au milieu d'un tourbillon impénétrable de flammes & de fumée. Je m'informai ce que c'étoit que ce quartier : on me répondit, „ que c'é- „ toit celui des *Plût-à-Dieu*. Je ne „ comprends pas cela, repris-je, „ & qui font ces *Plût-à-Dieu* ? „ C'eft, me dit-on, une efpece de „ fous qui fe font abandonnés aux „ vices, & qui fe font damnés fans „ prefque y avoir penfé. A préfent „ ils penfent à ce qu'ils auroient dû „ faire plutôt, & ils difent fans fin : „ *Plût-à-Dieu* que j'euffe évité cette „ perfonne, que j'euffe été moins „ riche „ ! Ils pafferont une infinité de fiecles à réitérer les mêmes fouhaits.

Je laiffai cette troupe imprudente ; mais j'en retrouvai une autre encore pire que celle-ci, & dont le nom étoit encore plus étrange. Car l'ayant demandé à un Diable commis à leur garde, il me répondit,

» que c'étoit les Panégyristes de la
» divine miséricorde. Vous parlez
» en Diable, lui repartis-je; &
» peut-on être damné pour avoir
» honoré les divins attributs ? Et
» vous, me dit le Diable, vous
» parlez en sot & en ignorant. Pou-
» vez-vous ne pas concevoir que la
» moitié de ceux qui font ici, n'y
» seroient pas sans la divine misé-
» ricorde ? Réfléchissez un moment,
» combien il y a de pécheurs qui ré-
» pondent à ceux qui les reprennent
» de leurs vices : *La divine miséri-*
» *corde est si grande ! Dieu ne prend*
» *pas garde à ces bagatelles* : & tan-
» dis qu'ils espérent en Dieu de la
» sorte, nous espérons nous-autres
» les voir un jour avec nous. Selon
» vous, lui dis-je, il ne faudroit
» donc pas espérer en la divine bon-
» té ? Vous avez l'esprit bien épais,
» me répondit-il, si vous ne pou-
» vez trouver la différence qu'il y
» a entre les divers usages qu'on

» peut faire de la miséricorde, en-
» tre l'espoir de la récompense, &
» celui de l'impunité. C'est bien fait
» que de se servir de l'espérance,
» comme d'un motif pour faire le
» bien avec plus d'ardeur ; c'est le
» comble du crime, que de faire
» servir l'espérance à pécher avec
» plus d'audace, & d'opiniâtreté.
» Mais vous autres aveugles, vous
» faites de la bonté de Dieu un usage
» tout contraire. Souvent les meil-
» leurs d'entre vous remettent au
» dernier moment ce qu'ils auroient
» dû faire au premier ; & le der-
» nier moment est passé, qu'ils n'y
» ont pas pensé. C'est donc vous
» qui parlez & qui pensez en Dia-
» ble beaucoup plus que moi,
» selon l'idée que vous attachez à
» notre nom, qui est très-fausse &
» très-ridicule ; puisque les Diables,
» comme je vous le fais voir, pen-
» sent & parlent beaucoup mieux
» que les hommes. »

J'admirois, tout en marchant, le bon sens de ce Diable; & j'arrivai auprès d'une cave fort profonde & fort obscure, où étoient les Chapeliers & les Teinturiers, si semblables aux Diables, que les Commissaires les plus expérimentés de l'Inquisition n'auroient pû distinguer les uns des autres. Et, voyant à mes côtés une espece de Mulâtre qui avoit tant de cornes sur la tête qu'elle sembloit une herse, je lui demandai » si c'étoit-là le quartier des » maris qui souffroient patiemment » des Collégues, ou des meres qui » n'avoient point eu de maris? En » voilà un entre autres, répondit-il; » mais il n'y a point de quartier fixe » pour ces sortes de gens. Les pre-» miers errent indifféremment par » tout l'Enfer. Comme ils ont la tête » toute pareille aux Diables, voilà » pourquoi sans doute vous ne les » avez pas remarqués. Les femmes » usées se glissent également de tous

» côtés, ici comme sur la terre,
» quoiqu'elles n'y soient pas moins
» détestées. Elles essayent d'inspirer
» de l'amour aux Diables mêmes,
» & de les tromper en faisant les
» jeunes, quelque décrépites qu'el-
» les soient, & quoique ridées,
» chassieuses, édentées. Ce qu'il y
» a de plus plaisant, c'est que si vous
» les croyez, il n'y a pas une d'el-
» les qui soit vieille. Celle qui n'a
» pas seulement la tête grise, mais
» qui l'a toute pelée, a perdu ses
» cheveux, à l'entendre, par la
» violence de la fièvre : Celle qui n'a
» plus de dents, se les est gâtées en
» mangeant trop de dragées : Les
» sillons du visage & la maigreur hi-
» deuse de cette autre, sont les
» effets de la fièvre; ces yeux cerclés
» & ce dégoutant incarnat sont la
» suite d'une fluxion; cette lenteur de
» la marche, & tout ce corps courbé
» vers la terre, n'est que l'ouvrage
» d'une fièvre lente : mais pour

» avouer que cette décrépitude sé-
» pulchrale, qui s'annonceroit par le
» seul ton de leurs voix aux aveugles
» mêmes, est l'effet de l'âge, quand,
» en l'avouant, elles espéreroient ra-
» jeunir, ce qui est leur plus grande
» passion, elles ne le feroient pas. »

Assez près de-là il y avoit des personnes qui déploroient leur infor-
tune à haute voix. » Qui sont ceux-
ci, demandai-je ? » & l'un d'eux répondit : » Ce sont les tristes victi-
» mes d'une mort subite. Vous en
» avez menti, reprit un Diable ;
» car personne ne meurt subitement.
» Si vous avez été inconsidérés, ce
» n'est pas la faute de la mort qui
» ne surprend personne : comment
» pourroit-on mourir subitement,
» puisque dès le premier moment
» de la naissance, & durant toute la
» carriere de la vie, l'on a toujours
» la mort sous les yeux ? Que voit-
» on autre chose dans le monde que
» des mourans & des convois funé-

» bres ? Qu'entend-on, qu'a-t-on
» continuellement autour de soi ;
» qui ne rappelle le souvenir de la
» mort ? Ces habits qui s'usent, ces
» meubles qui vieillissent, cette
» maison qui tombe en ruine, le
» sommeil même, image naturelle
» de la mort, tout la retrace tous les
» jours aux yeux. Comment pour-
» roit-il se faire, que quelqu'un fût
» surpris par la mort qui lui don-
» ne tant d'avertissemens ? N'ayez
» donc plus l'impudence de dire que
» vous êtes morts subitement ;
» mais avouez que vous étiez des
» endurcis ; que vous vous êtes fait
» une étude d'oublier la mort qui
» ne s'en approchoit pas moins de
» vous ; dont on vous avoit même
» souvent dit, qu'elle déroboit sa
» marche dans ses visites, & que
» dans ses rigueurs ou son indul-
» gence, elle ne consultoit jamais
» l'âge, ni le temps, mais son seul
» caprice. «

Je tournai la tête, & j'apperçus dans un trou profond des ames enfoncées dans des pots de verre remplis de liqueurs fortes & désagréables. » Fi, m'écriai-je, quelle infe-
» ction ! & que signifie tout ceci ? « Celui qui les tourmentoit, & qui étoit de couleur de safran, me répondit : » Que c'étoit le rendez-
» vous, & le laboratoire des Apo-
» ticaires ; sortes de gens, ajouta-
» t-il, qui semblent craindre de n'a-
» voir point de place en Enfer, tant
» ils ont d'empressement d'y venir,
» & de s'y rendre nécessaires ; tout
» au contraire des autres hommes
» qui se servent des remédes pour
» leur salut, ils s'en sont servis pour
» leur damnation. Ce sont les vrais,
» & les seuls Alchymistes, bien plus
» dignes de ce titre, que les Démo-
» crites d'Abdere, que les Avice-
» nes, ou que les Raymonds Lul-
» les, & tous les autres, excepté
» peut-être ceux qui ont travaillé

» fur les matieres fécales ; parce
» qu'ils fe font tous contentés d'en-
» feigner comment on pouvoit fai-
» re l'or, fans le faire eux mêmes ;
» au lieu que les Apotichaires, ont
» fait réellement de l'or, & de l'or
» tout monnoyé, avec de l'eau de
» riviere & quelques racines ; avec
» des mouches, des araignées, des
» viperes, & toutes fortes d'infe-
» ctes ; avec des matieres encore
» bien plus fales, & même avec
» quelques chiffons de papier, puif-
» qu'ils vendent jufqu'au papier qui
» enveloppe leurs drogues : de ma-
» niere qu'il femble que, pour eux
» feuls, la Nature ait donné de la ver-
» tu aux herbes, aux pierres, &
» même aux paroles ; car il n'y a
» point d'herbes, quelque nuifibles
» & quelque venimeufes qu'elles
» foient, fut-ce l'ortie & la ci-
» güe, qui ne leur produifent quel-
» que profit ; point de pierres fi du-
» res, ou fi feiches, fut-ce la roche

» vive & la pierre ponce, dont ils
» ne tirent de l'argent : pour les pa-
» roles, c'est ce qui leur en rap-
» porte davantage, écrites ou pro-
» férées, elles sont vendues au poids
» de l'or. Il est bon que vous sça-
» chiez, que quand ils vous sem-
» blent vendre des drogues, ils ne
» vendent le plus souvent que de
» grands mots ; &, quoiqu'ils n'ayent
» rien de tout ce qu'il vous faut, s'ils
» voyent de l'argent, ils auront de
» tout ; ils ne feront point embar-
» rassés, par exemple, de vous faire
» de bon quinquina avec des écorces
» les plus communes. Ensorte qu'on
» devroit les appeller Armuriers,
» plutôt qu'Apothicaires ; & leurs
» boutiques Arsenaux, plutôt que
» Pharmacies ; puisqu'ils fabriquent
» & tirent de-là ces recettes maudi-
» tes & ces potions meurtrieres,
» qui tuent bien plus de monde que
» la dague & que le mousquet. Jet-
» tez les yeux sur cet étalage de pots

» & de bouteilles empoifonnés,
» avec leurs affreufes étiquettes ; &
» dites fi ce fpectacle n'eft pas effe-
» ctivement plus funefte que celui
» des armes en faifceaux, ou à l'at-
» telier, chez l'Armurier, ou dans
» le corps-de-garde. Je ne fçais,
» s'il fe fauve quelqu'un de cette
» profeffion ; mais s'il s'en fauve un
» feul, il faut qu'il fe foit ruiné pen-
» dant fa vie, & qu'à fa mort il
» n'ait pas eu de quoi fe faire en-
» terrer.

» Si vous voulez vous récréer,
» montez ces deux dégrés, & vous
» verrez les Chirurgiens & les Bar-
» biers, affociés aux Apoticaires. «
Je m'approchai, & je vis la plus
plaifante chofe du monde pour les
fpectateurs, mais la plus défefpé-
rante pour ces gens toujours affamés
du fang & de la chair des hommes.
Ils étoient enchaînés par les reins,
de maniere qu'ils avoient les bras
libres, & le pouvoir de fe baiffer.

Il y avoit au-dessus de leurs têtes des mets délicats, & de grandes coupes d'un vin exquis entre leurs jambes: mais quand ils portoient leurs mains sur leurs têtes, les mets se relevoient; & quand ils se baissoient pour prendre la coupe, elle s'enfonçoit dans la terre, & devenoit invisible: ce qui leur causoit un tourment & un désespoir semblable à celui de Tantale. Quelques-uns de la troupe étoient condamnés à raser des Anes, jusqu'à ce qu'ils eussent le menton poli; quelques autres à savoner des Négres & des Mores. J'étouffois de rire à la vue de cette scène bisarre, & je passai outre pour reprendre haleine.

Là, j'apperçus une grande multitude d'hommes qui se plaignoient de ce qu'on faisoit si peu de cas d'eux, qu'on ne pensoit pas seulement à les tourmenter. Il y avoit un Diable qui leur répondit: » Qu'ils » étoient tous aussi Diables que lui,

» & qu'ils n'avoient qu'à s'occupper
» à tourmenter les autres. « Je demandai avec curiosité, qui étoient ces gens là : l'on me répondit : » Que
» toute vérité n'étoit pas bonne à di-
» re, & que je pouvois deviner. «
J'en dis autant à ceux qui auroient la même envie que moi. Dans le même instant un Diable me fit signe d'approcher, & de ne point faire de bruit. Je m'avançai tout doucement ; lui, me faisant regarder par une fenêtre. » Voyez, dit-il, ce
» que font là les laides. « J'apperçus effectivement une multitude de femmes dans des occuppations fort divertissantes. Les unes s'appliquoient sur le visage des placards ronds, ovales, en croissant, quarrés, triangulaires ; en un mot de toutes les figures qu'on trouve dans les Livres de Mathématique. Les autres se faisoient tout à neuf ; car leur taille qu'elles exhaussoient par le moyen de la chaussure, leurs four-

cils & leurs cheveux noircis, leurs visages & leurs lévres plâtrés, leurs corps rembourés comme des matelats ou des bâts de mules, n'avoient rien qui leur fût naturel. J'en vis quelques-unes, qui, naturellement exhauſſées, avoient la tête toute couverte de cheveux, qui n'étoient à elles que parce qu'elles les avoient achetés. Une autre tenoit en main la moitié de son visage dans les boëtes de fard & de pomade. » Si vous en vouliez sçavoir da-
» vantage sur les artifices de ces
» femmes, me dit le Diable, il
» faudroit rester ici un peu plus
» long-temps. La plûpart se cou-
» chent avec un visage, & se levent
» avec un autre; leurs cheveux sont
» blancs pendant la nuit, & blonds
» ou noirs pendant le jour; pendant
» le jour elles ont de belles dents,
» qu'elles défont tous les soirs. Exa-
» minez attentivement celle-ci,
» comment elle regarde avec indi-

» gnation la glace, qu'elle accuse de
» sa laideur. C'est ainsi que les fem-
» mes, qui avoient tant de facilité
» pour se sauver par leur difformité,
» sont ingénieuses à se perdre, en se
» donnant une beauté qu'elles n'a-
» voient pas. «

Je trouvai cette réflexion du Diable extrêmement sensée ; mais tournant la tête, je vis un homme assis dans un fauteuil, sans Diables autour de lui, sans feu, sans glace, sans aucune des choses destinées au tourment des damnés, & qui poussoit cependant les cris & les hurlemens les plus affreux que j'eusse encore entendus ; il s'arrachoit les cheveux, se meurtrissoit le visage, se déchiroit lui-même, comme une bête transportée de la rage. » O
» Dieu ! m'écriai-je, de quoi se
» plaint cet homme, que rien ne
» tourmente ; & pourquoi à chaque
» instant redouble-t-il ses cris & ses
» gémissemens ? Mon ami, lui dis-

» je, que vous faut-il, & de quoi
» vous plaignez-vous, puisque per-
» sonne ne vous fait de mal ; puis-
» qu'il n'y a, ni feu, ni aucune autre
» chose capable de vous faire souf-
» frir autour de vous ? Hélas ! dit-
» il, avec un soupir effrayant, le
» plus rude supplice de l'Enfer est
» le mien. Il vous semble qu'il n'y
» a point de bourreaux qui me tour-
» mentent : Ah ! les plus impitoya-
» bles & les plus cruels sont au-de-
» dans de moi ; ils m'insultent con-
» tinuellement, ils me représentent
» sans-cesse les bons conseils que
» j'ai méprisés, le bonheur que j'ai
» perdu, & que d'autres ont acquis,
» en prenant moins de peine que je
» n'en ai pris pour me perdre. Ils
» me déchirent, ils me rongent in-
» humainement le cœur : « Et après
ces mots il retombe dans d'affreuses
convulsions, mord son siége & son
propre corps ; puis arrêtant un œil
fixe sur moi : » Mortel, me dit-il,

» apprends qu'il n'eſt point ici de
» ſupplice comparable au tourment
» de ceux qui ont connu les princi-
» pes de toutes les ſciences, les
» loix de la vertu, & de l'équité,
» & qui ont abuſé de leurs con-
» noiſſances; qui ont fait gloire
» d'une impiété qu'ils appelloient
» force d'eſprit. « Ses accès de fureur m'effraierent; & je m'éloignai avec horreur en réflechiſſant
aux ſuites affreuſes de l'abus de
l'eſprit, & du ſçavoir.

J'arrivai dans un endroit où il
y avoit beaucoup de monde qui
couroit après des chariots brûlans,
chargés d'ames & de Démons qui
les tenailloient. Des Hérauts pré-
cédoient ces chars, en criant : »
» Ainſi ſont traités ceux qui ont
» corrompu le monde par leurs
» mauvais exemples. « Tous les
autres damnés leur faiſoient en paſ-
ſant les plus outrageans reproches,
& animoient les Diables à leur fai-

re souffrir les peines de tous ceux que leurs exemples avoient perdus.

Tout effrayé que j'étois de cet affreux spectacle, je ne pus m'empêcher de rire en voyant plus loin des taverniers qui n'étoient pas enchaînés comme les autres, mais qui avoient la liberté d'aller çà & là, & qui étoient en Enfer sur leur parole. Je demandai pourquoi cette distinction. » Il ne faut pas vous en
» étonner, me dit un Diable; nous
» laissons la porte ouverte à ces sor-
» tes de gens, sans craindre qu'il
» leur prenne envie de sortir de
» chez-nous, puisque dans le mon-
» de ils prennent tant de peine
» pour y venir; & ils ont tant de
» talent pour notre métier, qu'en
» moins de trois mois qu'ils de-
» meurent ici, ils sont aussi Dia-
» bles que nous. Nous n'avons
» qu'une inquiétude à leur sujet,
» c'est qu'étant accoutumés à mêler
» de l'eau par-tout, ils n'en répan-

» dent sur le feu que nous sommes
» chargés d'entretenir.

» Il est temps, ajouta-t-il, de
» vous apprendre des choses plus
» importantes ; venez ici près, &
» voyez Judas avec tous ses hon-
» nêtes Confreres, les Inten-
» dans de Maison & les Maîtres-
» d'Hôtel. » Je m'approchai, & je
trouvai effectivement ce digne Apôtre environné de ses Successeurs. Je
l'examinai attentivement, & je ne
lui trouvai point la barbe rousse,
comme on le représente ordinaire-
ment ; sans doute pour le faire croire
Espagnol d'origine. Il me parut n'a-
voir point de barbe, il avoit les
traits & le teint équivoques des
gens qui ne sont ni mâles, ni femelles. Et en quelle autre personne
effectivement de si mauvaises inclinations pouvoient-elles se rencontrer ? Je crois cependant qu'il avoit
été rousseau : mais ses cheveux & sa
barbe avoient été brûlés ; & quand
je

je le vis; il étoit sans barbe, sans sourcils, & parfaitement chauve, ainsi que tous les Diables.

Judas me parut fort gai au milieu de tous les Maîtres-d'Hôtel, qui lui racontoient les tours de leur métier qu'ils avoient faits en l'imitant. Car il faut sçavoir que la plûpart de ces gens-là ne s'enrichissent qu'en vendant leurs Maîtres. Je m'apperçus que leur peine étoit à peu près semblable à celle que les Poëtes ont imaginées pour Titius dont ils feignoient qu'un Vautour rongeoit sans cesse les entrailles. C'étoient ici des Harpies qui, au lieu de leur ronger le cœur qu'elles auroient eu peine à découvrir, leur arrachoient les ongles, & leur rognoient les doigts. Il y avoit un Diable qui disoit de temps en temps à haute voix : » Les Maîtres-d'Hôtel ont » volé les serres des Harpies, & les » Harpies les leur reprennent. » A ces mots, tous frémissoient de rage

& de défespoir. Je demandai à Judas pourquoi il étoit au milieu de tous ces gens-là. ,, Je n'en fçais pas trop ,, la raifon, me dit-il ; car il y a ,, une différence bien marquée en- ,, tre eux & moi ; je fuis damné ,, pour avoir vendu, & la plû- ,, part d'entre eux le font pour ,, avoir acheté, & même fur-acheté, ,, mais avec l'argent de leurs Maî- ,, tres, & quand ils prévoyoient ,, qu'ils auroient part à l'acquifition, ,, ou qu'ils recevroient des préfens ,, du vendeur. Je vous prie même ,, de croire que je ne fuis pas le plus ,, méchant des hommes ; & pour ,, n'en avoir plus de doute, donnez- ,, vous la peine de regarder ici def- ,, fous, & vous verrez bien des ,, perfonnes plus méchantes que ,, moi.

,, Je crois que tu dis vrai, ,, lui répondis-je, fi-tôt que j'y eus regardé. Je m'avançai plus près, & je rencontrai plufieurs Démons ar-

nés de fouets & de bâtons, qui chasſoient de l'Enfer une troupe de belles femmes & de mauvais Auteurs. Je leur demandai pourquoi ils en uſoient de la ſorte; & l'un d'eux me répondit » que ces ſortes de
» gens leur étoient d'un grand ſe-
» cours dans le monde pour peupler
» l'Enfer; ces femmes, avec leurs
» beautés artificielles; & ces beaux
» eſprits, avec leurs propos inſen-
» ſés; & qu'ils les y renvoyoient,
» afin d'en tirer de nouvelles colo-
» nies. » Quelques-unes de ces femmes, condamnées avec une troupe de voleurs, m'embarraſſerent par une queſtion aſſez ſinguliere qu'elles me firent : » Monſieur, me dirent-
» elles, trouvez-vous ici de la Juſti-
» ce? L'on y condamne pour les
» deux choſes oppoſées : ces voleurs
» le ſont pour avoir pris le bien
» d'autrui; & nous, pour avoir don-
» né le nôtre. Si chacun eſt maître
» de ſon bien, qu'a-t-on à nous re-

» procher ? » Je trouvai le problême trop difficile à réſoudre ; &, voulant m'inſtruire de tout, comme on venoit de me nommer les voleurs, je demandai où étoient les Huiſſiers & les Notaires.

» Eſt-il poſſible, diſois-je, qu'il
» n'y en ait point en Enfer, & pour-
» quoi n'en ai-je pas rencontré ſur
» la route ? Il n'en faut pas être ſur-
» pris, me répondit un Démon.
» Comment, repris-je, eſt-ce qu'ils
» ſont ſauvés ? Point du tout ; mais
» c'eſt qu'ils ne marchent pas en ve-
» nant ici : ils ſe ſervent de leurs
» plumes pour y voler ; & ils y vo-
» lent en troupes innombrables,
» comme vous voyez quelquefois
» paſſer des troupes de Corneilles,
» ou d'autres Oiſeaux de mauvais
» augure. Auſſi viennent-ils par mil-
» liers, & la diligence qu'ils font
» eſt ſi grande, que partir & arri-
» ver eſt la même choſe pour eux.
» Mais pourquoi, répliquai-je,

» n'en vois-je point, s'il y en a
» tant? C'est, me dit-il, que ces
» gens à doigts crochus ne sont plus
» ici sous la figure humaine; ils y
» sont transformés en Chats; &,
» pour vous assurer qu'il y en a
» beaucoup en Enfer, remarquez
» que quoique la Maison soit si
» grande, si délabrée, & si pleine
» de toute sorte d'insectes & de sa-
» les animaux, il n'y a pas un Rat,
» ni une Souris.

» Et les Alguazils, lui dis-je?
» N'y en a-t-il point en Enfer? Pres-
» que point, me dit-il. Comment
» cela peut-il être, si, pour un qui est
» honnête homme, il y en a qua-
» tre-vingt-dix-neuf de fripons?
» Vous êtes bien embarrassé, me
» dit-il : Non, il n'y en a presque
» point en Enfer, parcequ'il n'y en
» a presque point qui n'ayent en
» eux un Enfer. Bon Dieu! m'écriai-
» je, vous voulez encore plus de
» mal à ces gens-là, vous-autres

» Diables, que nous ne leur en vou-
» lons! N'avons-nous pas raison,
» reprit-il, puisqu'ils sont si endia-
» blés, que nous craignons qu'ils
» ne sçachent mieux tourmenter les
» ames que nous, & que Lucifer, les
» trouvant plus habiles, ne les pren-
» ne à sa solde, & ne nous laisse
» sans emploi »

Je n'en demandai pas davantage, je passai outre, & je trouvai un grand Enclos en treillage, tout plein d'ames, dont les unes gardoient un profond silence, les autres pleuroient & gémissoient sans cesse. On me dit que c'étoit le quartier des amoureux. Je fus attendri de voir qu'après la mort même ils soupiroient encore. Quelques-uns parloient de leurs inclinations, & se tourmentoient par des soupçons cruels. Qu'il y en avoit qui attribuoient la cause de leur malheur à leur imagination! Elle leur avoit peint les personnes mille fois plus

belles qu'elles n'étoient. La plûpart étoient tourmentés d'un supplice que le Diable, qui me conduisoit, nomma *je croyois.* » Quel plai-
» sant supplice est celui-là, lui dis-je ?
» Il se mit à rire, & me répondit :
» Il est fort convenable à leurs
» fautes : ils ne se sont perdus
» qu'en croyant à de vaines ap-
» parences ; & lorsqu'ils s'apperce-
» voient de leur erreur, ils disoient
» sans fin : *Je croyois* qu'elle m'ai-
» moit ; *je croyois* qu'elle feroit ma
» fortune ; *je croyois* qu'elle se con-
» tentoit de moi seul ; *je croyois*
» qu'elle ne s'en lasseroit jamais ;
» de sorte que tous les Amans ne
» sont en Enfer que pour avoir été
» trop crédules. Ce sont ces sortes
» de gens qui éprouvent les plus fré-
» quens & les plus cruels regrets, &
» qui deviennent les moins sages. »
Il y avoit des inscriptions, & grand nombre de devises dans ce quartier ; mais comme tout étoit roussi, ou

fort enfumé, je ne pûs les lire.

Je conçus que puisqu'il y avoit là de la rime, les Poëtes ne devoient pas être loin. En effet, en me tournant, je vis une espece de prison faite & suspendue comme une cage, divisée en compartimens, où il y avoit un nombre presque infini de Poëtes qu'on appelloit *fous*, même dans l'Enfer. Ce spectacle plaisant attira ma curiosité ; & l'un d'eux me dit, en montrant du doigt le quartier des femmes qui étoit attenant :
» Ne pensez-vous pas comme moi ?
» Ne conviendrez-vous pas que ces
» personnes ne sont qu'à demi
» Femmes - de - Chambre ; elles
» dépouillent les hommes, & ne
» les revêtent jamais ? Comment,
» lui dis-je, les subtilités & les
» pointes vous ont suivi jusqu'aux
» Enfers ! Voilà bien le comble de
» la folie. Vous avez raison, mon
» frere, répliqua un autre, qui étoit
» tout couvert de chaînes, & qui

» sembloit souffrir les plus grandes
» peines : »

Que celui qui trouva la rime & la cesure,
N'eut-il depuis long-temps éprouvé la
brûlure !

Ce misérable, pareil à son Confrere Ovide qui versifioit sous le fouet, en promettant qu'il ne versifieroit plus, me lâcha quantité de rimes, en les maudissant. Je ne m'appliquai point à les retenir ; mais je me souviens qu'il m'apprit qu'il étoit damné, pour avoir rimé aux dépens de la pudeur & de la réputation des gens d'honneur ; que ne trouvant pas facilement à rimer avec *farce*, il avoit souvent gratifié une honnête fille de l'anagrame de *Grace*; ou qu'embarrassé d'un Vers qui finissoit par *écu*, il avoit rimé richement en *u* un mari qui n'étoit pas des plus commodes.

» Je ne connois point de folie
» plus grande que la vôtre, lui dis-

» je. Quoi ! vous êtes en Enfer pour
» avoir rimé, & vous rimez encore
» sans vous en appercevoir. C'est la
» chose la plus étrange du monde,
» me dit un Diable, les autres pleu-
» rent ou cachent leurs péchés ;
» ceux-ci les chantent & les publient
» par-tout. S'ils ont quelque com-
» merce suspect avec la moindre
» Grisette, ils l'apprennent sans
» honte à tout un Royaume ; s'ils
» s'en dégoûtent, ils font d'infâ-
» mes Satyres contre elle ; si leur
» attachement est durable, ils la
» transforment en Déesse, & la
» fatiguent de leurs hommages, de
» leurs vains présens en sonnets &
» en madrigaux. Au reste, on ne
» sçauroit dire de quelle religion
» sont ces sortes de gens ; ils se di-
» sent *Chrétiens* ; mais leurs maxi-
» mes sont toute Epicuriennes ou
» Musulmanes ; leurs idées & leurs
» expressions, payennes & idolâtres «.
Quand je vis comment ce Diable

entonnoit contre les Poëtes, je commençai à craindre pour moi. » Je
» crois qu'il me connoît, dis-je en
» moi-même, & pour peu que je
» reste ici, je pourrois entendre bien
» des choses qui ne me feroient pas
» plaisir «.

Je passai donc plus loin, & j'arrivai au quartier des Dévots à qui je ne craignois pas de ressembler. Oh qu'ils témoignoient ressentir de grandes douleurs ! Oh qu'ils poussoient de soupirs & de sanglots ! Car ils avoient tous la bouche cadenassée, & ils étoient condamnés à un éternel silence, à entendre continuellement un Démon qui crioit à leurs oreilles :
» Ames basses & intéressées, qui
» regardiez la Priere comme un tra-
» fic, & qui traitiez avec votre Dieu
» comme avec un Banquier, com-
» bien de fois ne vous a-t-on pas
» vus dans le coin d'une Eglise lui
» faire les yeux doux, en lui adres-

» fant tout-bas des vœux que vous
» auriez eu honte de laiffer entendre
» aux hommes. Seigneur, lui di-
» fiez-vous, ôtez la vie à mon pere,
» afin que je jouiffe de fes biens ;
» donnez la mort à mon frere aîné,
» afin que je fois l'héritier de la fa-
» mille ; faites que ce Prince prenne
» ma parente pour fa favorite, &
» que j'en retire le falaire. Si je de-
» viens bien riche, je vous promets
» de marier dix Orphelines, & de
» fonder quatre lits à l'Hôpital. Oh
» quelle horrible difpofition, &
» quels fentimens, de demander à
» Dieu, comme récompenfe, ce qu'il
» accorde comme châtiment ! Quelle
» impudence, & quelle impiété,
» d'avoir voulu corrompre Dieu
» même par vos promeffes, & l'en-
» traîner dans vos vûes par intérêt,
» comme s'il avoit befoin de vos
» dons. Encore n'accompliffiez-vous
» pas ces fortes de vœux ; & la mê-
» me avidité qui les avoit formés,

» les faisoit violer. Vous avez comp-
» té envain que vos héritiers les ac-
» compliroient. Ils font auſſi avares
» & auſſi durs que vous. Ne leur
» faites point de reproches ; ils ont
» raiſon d'en uſer ainſi. Ils ſçavent
» que les bonnes œuvres ne furent
» jamais de votre goût durant votre
» vie, & ils croyent qu'il en eſt de
» même après la mort. D'ailleurs de
» quoi vous ſerviroient-elles à pré-
» ſent « ? Je m'apperçus que ces mi-
férables faiſoient les derniers efforts
pour répondre, mais ils ne pouvoit rompre leurs eſpeces de muſe-
lieres ; &, contraints d'étouffer tous
leurs reſſentimens, ils ſe livroient
aux plus horribles accès de déſeſpoir.

Je me retirai, & j'allai voir les
Empiriques & les Charlatans qui
brûloient tous vifs, & qui étoient
traités comme les plus criminels
impoſteurs. » Voilà, me dit un Dia-
» ble, ceux qui ont trompé les ima-

» ginations foibles. Quelque mal
» qu'ils fiſſent dans le monde, ils
» avoient le bonheur que l'on ne ſe
» plaignoit jamais d'eux. Ceux qui
» par haſard guériſſoient entre leurs
» mains, leur attribuoient leur
» guériſon ; & ceux qu'ils tuoient
» ne pouvoient plus ſe plaindre.
» C'eſt ainſi qu'ils ſont toujours ſûrs
» de leur fait : le malade qu'ils guérif-
» ſent les récompenſe ; l'héritier de
» celui qu'ils font mourir, leur a
» obligation. N'euſſent-ils employé
» que des vieux linges, & de l'eau
» fraîche ſur une playe que la bonne
» conſtitution du malade à guerie,
» c'eſt ſelon eux l'effet de quelque
» ſecret merveilleux. Laiſſent - ils
» empirer une égratignure juſqu'à
» ce que la gangrêne s'y mette, &
» qu'il n'y ait plus rien à faire, c'eſt
» que l'heure de celui-ci étoit ve-
» nue, & que les hommes ne ſont
» pas immortels. C'eſt une choſe
» plaiſante, que d'entendre racon-

» ter à ces sortes de gens les cures
» merveilleuses qu'ils ont faites.
» L'un a guéri un homme qui avoit
» le ventre ouvert, & qui portoit
» ses entrailles dans ses mains; l'au-
» tre, celui qui avoit la tête fendue,
» du front jusqu'au menton; & cela
» sans laisser de cicatrice. Mais, pre-
» nez-y garde, ce qu'ils racontent
» s'est toujours passé à deux ou trois
» cens lieues de là, & sur des per-
» sonnes mortes depuis neuf ou dix
» ans ». Par là, ils en imposoient
à coup sûr.

» Avancez encore, me dit le Dé-
» mon, & vous verrez des gens
» bien plus extraordinaires «. Je
descendis beaucoup de dégrés, &
me trouvai à l'entrée d'une grande
cave, ou plutôt d'une caverne d'où
toutes les mauvaises odeurs s'exha-
loient à la fois. Je crus d'abord
qu'un pareil séjour faisoit tout le
supplice de ceux qui y étoient renfermés; mais point du tout, il fai-

soit leur plaisir. C'étoit les Astrologues & les Alchymistes, espece d'hommes qui parloient un jargon que les Diables mêmes ne pouvoient comprendre. Ils étoient chargés de soufflets, de creusets, d'alambics, de minéraux, d'argile, de fientes même & de poudres de toute espece. Les uns calcinoient, les autres lavoient, ceux-ci séparoient & purifioient. Là on fixoit le mercure sous le marteau, l'on en exiloit les parties visqueuses, volatiles & corruptibles ; & après ce grand œuvre, tout s'exhaloit en fumée. Quelques-uns disputoient, s'ils devoient faire un feu de roue ou un feu de mêche ; si le feu ou le non-feu de Lullius devoit s'entendre de la lumiere effective de la chaleur, ou de la chaleur effective de la lumiere. Quelques autres aimoient mieux donner le principe au grand œuvre par le signe d'Hermés ; & par mille autres maximes aussi enigmatiques qu'extravagantes,

travagantes; ils aspiroient à la réduction de la matiere premiere en or, qu'ils appelloient *Soleil*. Mais bien loin de faire de l'or, des cheveux, des cornes, & d'autres ordures semblables, ils changeoient au contraire en pauvreté & en misere les richesses qu'ils avoient de leur fond. Au moment que je les examinois, ils agiterent une grande question, sçavoir *Quelle étoit la chose la plus vile du monde.* Les uns disoient que si la Pierre Philosophale, qui est tout ce qu'il y a de plus précieux, devoit se faire de la chose la plus vile, il falloit la faire des Commis, des Employés & des Collecteurs d'Impôts. Les autres prétendoient, que les Archers, les Huissiers & les Recors étoient encore plus propres à sa composition.

La dispute s'échauffoit, lorsqu'un Diable narquois, & qui, en riant, sçavoit prévenir le désordre, leur dit : » Vous voulez sçavoir qu'elle

» est la chose la plus vile du mon-
» de ? La décision est facile : Ce
» sont les Alchymistes ; ainsi pour
» former la Pierre Philosophale, il
» faut vous mettre dans la fournai-
» se, tous tant que vous êtes. « Aussi-tôt on les jetta dans le feu ; &
ces fous brûloient avec une sorte
de plaisir, tant ils avoient envie
de voir les effets de la promesse.

J'apperçus de l'autre côté la troupe des Astrologues qui n'étoit pas
moins nombreuse. Il y avoit, entre
autres, un Chiromancien qui, prenant la main à tous les coupables,
leur disoit » qu'il leur eût été faci-
» le de prévoir qu'ils seroient dam-
» nés. » Un autre, qui étoit environné de Spheres & de Mappemon-
des, prenoit des dimensions avec
un compas, mesurant les hauteurs
& considérant les étoiles ; puis se
levant tout à coup : » Ah Dieu,
» s'écria-t-il ! si ma mere fût accou-
» chée deux minutes plutôt, j'étois

» sauvé; parce que Saturne chan-
» geoit d'aspect à ce moment, &
» que Mars passoit dans la maison
» de la Vie: le Scorpion perdoit ses
» malignes influences: & au lieu
» d'être Procureur, j'eusse été Ca-
» pucin. « Il y en avoit un autre qui
disoit aux Diables, » de bien pren-
» dre garde à ce qu'ils faisoient, &
» de s'assurer s'il étoit mort, avant
» que de le tourmenter; que, pour
» lui, il ne pouvoit se persuader qu'il
» le fût, parce qu'il avoit Jupiter
» pour Ascendant, & que Venus
» n'avoit pas un aspect malin;
» qu'ainsi il devoit absolument vi-
» vre quatre-vingt-dix ans. « Personne ne pouvoit lui ôter cette pensée; & il se plaignoit continuellement des Démons, comme d'injustes tyrans: mais ceux-ci n'en devenoient pas plus indulgens pour lui.

Il y avoit aussi bien des hommes fameux, accusés durant leur
vie de nécromancie ou de sortilé-

ge , & qui n'étoient coupables que d'imposture. Je vis une chose aussi surprenante qu'épouvantable, le fameux Magicien Cornélius Agrippa, qui brûloit en quatre corps différens, quoiqu'il n'eût qu'une ame. Misade & Baracelse étoient vêtus des feuilles où ils avoient écrit leurs mensonges , & ils étoient forcés de laisser brûler sur leurs corps tous les Volumes de sottises dont ils avoient inondé l'Univers. Le livre *de la Physionomie* brûloit sur le visage de Treisnérius, qui n'avoit plus envie de rire des erreurs qu'il avoit accréditées, ni des particuliers qu'il avoit pris plaisir à diffamer. Il n'avoit jamais ignoré que rien n'est plus trompeur que la physionomie des personnes privées, qui vivent dans la dépendance, & qui répriment leurs mauvaises inclinations par crainte, ou par l'impossibilité de les satisfaire ; qu'on ne peut faire que l'horoscope des

Grands qui n'ont point de maîtres, & dont les inclinations se montrent sans peur & sans gêne.

Il y avoit une infinité d'autres imposteurs semblables, bien des faux Prophétes, tels que les Fanatiques, qui avoient entrepris d'expliquer l'Apocalypse, de prédire la chûte de Rome qu'ils appelloient *Babylone*; tous ces réformateurs, à physionomie sinistre, & à maximes austeres. A côté d'eux, il y avoit encore beaucoup de places retenues pour leurs semblables; pour quelques Seigneurs qui avoient l'imbécillité de les croire, & pour une infinité de Dames. » Mais pour-
» quoi des femmes, & de belles
» femmes ici, disois-je, moi qui ai
» toujours eu le cœur tendre pour
» ce beau sexe! Ignorez-vous, ré-
» pondit un Diable, qu'il n'y a
» guère d'autre magie dans le mon-
» de que celle des belles? Elles
» usent d'enchantemens qui cor-

» rompent les organes de la vûe;
» qui troublent les puissances de l'a-
» me ; & qui représentent au cœur,
» comme les chefs-d'œuvres de la
» beauté, & comme l'objet du
» bonheur des créatures, ce qui
» en est précisement le contraste,
» & ce qui ne mérite que d'être
» détesté « Je me rappellai alors
tous les maux que j'avois soufferts,
& je convins que ce Diable avoit
raison..

Je me pressai cependant de finir
mes visites, & j'entrai dans un lieu
si obscur, que je ne pus qu'entrevoir ce qui s'y passoit. Près de la
porte, j'apperçus la Justice avec un
regard & un maintien effrayans, le
Vice plein de fierté & d'effronterie,
l'Insolence, l'Impiété & mille autres monstres d'un aspect si affreux,
que je frémissois à leur vûe. Toutes
les sectes d'Idolâtres & d'Hérétiques étoient logées dans le même
endroit. Les Incrédules, les Maté-

rialiftes & les Athées tâchoient de se confondre avec elles, & même avec celles de la Morale la plus sévere, pour mieux se déguiser. Mais il n'y avoit plus moyen d'en impofer, & tout le monde étoit connu pour ce qu'il étoit. Epicure étoit à leur tête; Dotilée le suivoit de près. L'un & l'autre brûloient comme des fournaifes, & prouvoient par leurs hurlemens & leurs grincemens de dents, qu'il y a du fentiment après la mort. Hommes matériels & ftupides, juftement traités de la forte, pour avoir eu les penfées plus baffes que la brute, pour s'être dépouillés eux-mêmes de l'avantage honorable qui caractérifoit leur nature, & de la plus grande confolation que puiffe avoir un être raifonnable. Effectivement fi l'ame ne devoit pas furvivre au corps, & fubfifter éternellement, nous devrions par amour-propre imaginer nous-mêmes cette durée éternelle. Lucain a dit que les gens qui ne croyoient point l'Immortalité, étoient heureux par leur erreur : pour moi, je les trouve très-malheureux ; & il s'enfuivroit de la décifion du Poëte de Cordou, que l'animal du monde, à qui le Créateur a donné le moins de fens, feroit l'homme ; puifqu'il prendroit tout le contre-pied de la réalité dans ce qui lui importe le plus, en efpérant une immortalité chimérique.

Le Chef de la Secte des Saducéens, le groffier Afpad, étoit confondu avec les Matérialiftes, & voyoit à fes côtés les Antropomorphites qui avoient attribué une figure humaine à la Divinité, avec tant d'autres Sectaires, inventeurs de mille abfurdités auffi indignes du premier Etre. Les Difciples de Manès étoient en très-grand nombre ; car on avoit confondu avec eux tous ceux qui avoient élevé le concubinage

nage au-dessus du mariage, & une personne diffamée au-dessus d'une épouse. On distinguoit au milieu de tout cela la lascive N. plus débordée que Messaline. Entre ses horribles propos, un des plus ordinaires étoit que l'ame mouroit avec le corps; mais elle éprouvoit que le sentiment & les feux de l'Enfer ne s'éteignoient jamais, ainsi qu'elle n'avoit jamais été rassasiée de ses infâmes délices.

Je passai outre, & je vis dans un coin un homme seul séparé de tous les autres, en très-mauvais état, une jambe estropiée, le visage balafré, & une multitude de clochettes attachées après lui pour attirer l'attention des passans. Il brûloit dans un horrible brasier, en blasphémant & en grinçant les dents. » Qui es-tu, lui demandai-je, toi » qui me parois très-méchant au » milieu des méchans mêmes? Je » suis Mahomet, me dit-il, en con- » firmant ce que sa figure & son

» équipage me difoient déja. Tu es
» donc, répliquai-je, l'homme le
» plus déteftable qu'il y ait jamais
» eu dans le monde, & celui de tous
» qui a le plus entraîné d'ames ici-
» bas. Que te fert, dans l'état où
» te voilà, le culte & les refpects
» de tes Dévots bafanés ? Mais ce
» qui me fâche pour eux, & ce que
» je voudrois que tu m'appriffes,
» pourquoi, impofteur, leur as-tu
» interdit l'ufage du vin ? Je leur
» avois affez troublé l'efprit, me
» répondit-il, par les extravagan-
» ces de mon Alcoran, & je n'au-
» rois eu que des brutes parfaites à
» ma fuite, fi je leur euffe encore
» permis l'ufage de ce qui enyvre.
» Et pour rendre une autre raifon
» de la gêne attachée à ma Loi,
» c'eft que je méprifois & que je
» haïffois au fond de l'ame ces vils
» Peuples, que je ne pouvois m'at-
» tacher qu'en flatant leurs plus
» mauvaifes inclinations : ainfi non

» content de les exclure du Ciel,
» j'ai voulu les tourmenter même
» sur la terre. Je les ai traités en
» vils animaux, puisque je leur ai
» défendu de faire usage de leur
» raison pour tout ce qui concernoit
» ma Loi qui effectivement n'en
» est pas susceptible. Ils ne la sou-
» tiennent que par les armes & la
» brutalité; & si des Peuples si
» nombreux l'ont embrassée, ce
» n'est pas que je l'aye autorisée par
» de vrais prodiges, ou par des
» voies raisonnables, mais c'est
» qu'elle est conforme à tous les sa-
» les penchans; que chacun y peut
» avoir autant de femmes, & y
» porter la lubricité aussi loin qu'il
» veut: cependant je n'ai pas fait
» tout le mal du monde, & il n'est
» pas bien décidé que je sois le plus
» méchant des Sectaires; puisque
» parmi tous ceux que tu viens de
» voir, il y en a qui, sans se dé-
» clarer avec la même franchise que

» moi, n'ont peut-être pas fait
» moins de mal. Si je l'emporte sur
» eux par le nombre des personnes
» perverties, ils l'emportent sur
» moi par la qualité, & parce qu'ils
» attachoient leur zele infernal à la
» portion la plus précieuse & la plus
» distinguée du Christianisme. »

Je crus enfin avoir vû ce qu'il y avoit de plus curieux dans l'Enfer, & je commençois à m'ennuyer. Je cherchois une issue pour sortir, j'entrai dans une galerie où étoit Lucifer environné de Diables & de Diablesses ; car il y a des femelles aussi bien que des mâles, & ce ne seroit qu'un demi-Enfer, si elles y manquoient. Je craignois de m'approcher, & son aspect affreux me glaçoit d'effroi. Je remarquai cependant les ornemens singuliers de cette galerie. Elle n'étoit point ornée de tableaux, ou de statues muettes & insensibles, comme les Palais ordinaires ; mais toutes les figures étoient autant de personnages vivans & animés, du rang le plus élevé. On n'y voyoit que Héros & Grands Hommes; la Maison Ottomane y occupoit les premieres places; la plûpart des Empereurs Romains, une longue suite des Pharaons & des Ptolomées d'Egypte, plusieurs Rois d'Assyrie, de Babylone & de Perse. Je reconnus le mol Sardanapale, & parmi les Rois barbares le cruel Attila. J'en vis une infinité d'autres que j'ai oubliés, parce qu'ils n'étoient que peuple dans cette foule de Rois. Ma curiosité me pressoit beaucoup de m'avancer; mais j'entendis tant de bruit & de tumulte, comme de gens furieux qui se disputoient & qui en venoient aux mains, que j'eus peur; cependant j'examinai de mon mieux, quoique d'un peu loin, ce qui se passoit.

Je vis le Prince des Ténébres descendre de son Thrône pour mettre ordre à ce tumulte. Sa suite redoutable l'accompagnoit ; la voix impérieuse du Monarque se fit entendre, & suspendit le désordre. Il ordonna aux Mânes irritées de se plaindre à lui, de ne point se faire Justice par eux-mêmes, & de l'attendre de sa puissance. Le premier qui prit la parole avoit le corps sanglant & percé de plusieurs coups profonds. » Je suis, dit-il, Clitus. » Oses-tu prendre la parole avant » moi, reprit un autre d'un ton or- » gueilleux ? Prince de ce noir Em- » pire, poursuivit-il, je suis Ale- » xandre le Grand, le Conquérant » du monde, le Maître des Rois, » l'effroi de la terre. » Il alloit réciter tous les titres de son orgueil, si on ne lui eût imposé silence. » Vous » Clitus, dit Lucifer ! poursuivez.

» Vous sçavez, reprit Clitus, » que je fus le favori de ce Maître » barbare qui, quoique Souverain » de l'Orient, fut l'esclave de ses

» passions, du moins de son or-
» gueil, qui ne lui permit pas de
» recevoir les conseils de ses amis
» fidéles. Je fus un des plus zélés
» pour son véritable honneur ; mais
» ce n'étoit pas là ce qu'il s'étoit
» proposé en m'accordant sa faveur ;
» il prétendoit faire de moi, comme
» de tant d'autres, un lâche flateur.
» Je fus trop sincere pour lui. Un
» jour que je lui entendis mépriser
» les glorieux exploits de son pere,
» je lui représentai qu'il ne conve-
» noit pas de ternir la gloire de ce-
» lui qui avoit posé les fondemens
» de la sienne. Considérez l'excès
» de sa férocité : ce qui méritoit la
» plus digne récompense, le trans-
» porta de fureur ; il se jetta sur
» moi, & me tua de sa propre
» main. Est-ce là le Fils d'un Dieu,
» comme il voulut persuader qu'il
» l'étoit. Je viens de lui faire cette
» question, & voilà pourquoi il est
» si furieux. Il a fait quelques ac-

» tions qu'on loue ; mais on ne
» pense pas que les plus belles,
» comme les autres, lui étoient com-
» mandées par son orgueil, & que
» le vice ne faisoit alors que prendre
» la forme de la vertu. Quand il
» donna le Royaume de Sidon au
» pauvre & vertueux Abdalonime,
» ce ne fut pas pour honorer la ver-
» tu, mais pour humilier les Sei-
» gneurs de Perse. N'est ce pas assez
» que je sois damné pour lui, sans
» souffrir encore ses fureurs ? Vous
» le sçavez, je ne suis pas ici pour
» mes crimes ; mais pour ceux du
» Tyran dont je fûs le Favori. La
» suite naturelle d'une pareille fa-
» veur est la damnation, comme la
» mort est la suite de la condition
» mortelle des hommes. Car la ma-
» ladie n'est pas la cause de la mort;
» elle ne lui sert que de prétexte.

» Tu raisonnes fort bien, dit
» Lucifer ; mais un peu tard. Ne
» devois-tu pas penser plutôt, que

» les favoris des Princes sont com-
» me des éponges : ils les laissent
» imbiber, puis ils en expriment
» toute la substance. Il est vrai ce-
» pendant que le Tyran est plus
» coupable que toi ; & l'on aura soin
» que l'orgueil qui l'a suivi jusqu'aux
» Enfers, n'éclate plus en de pareil-
» les fureurs. »

Cet Oracle n'étoit pas prononcé, qu'il fallut porter son attention d'un autre côté où une multitude de Vieillards étoit réunie contre un seul homme. Celui-ci avoit une couronne de Laurier sur la tête ; les autres en robes longues, &, les Livres des Loix en mains, lui reprochoient son ambition & sa tyrannie. » Qui êtes-vous, leur dit Lucifer en
» s'approchant, vous qui condam-
» nés à ce séjour de crime & d'hor-
» reur, ne parlez que d'équité &
» de vertu. Ce sont les lâches perfi-
» des qui m'ôterent la vie, répondit
» alors Jules-César. Ils détestoient

» l'ambition, difoient-ils : ils ne la
» haïffoient que dans moi. Ils me
» maffacrerent, parce que j'avois
» établi la Monarchie dans Rome;
» mais ils ne l'abolirent pas. Infâ-
» mes affaſſins, reprit-il en se tour-
» nant de leur côté, l'Empire étoit-
» il mieux entre les mains des Séna-
» teurs qui ne le pouvoient garder,
» qu'entre celles d'un Guerrier dont
» la valeur l'avoit établi ? Ceux qui
» fçavent former une accufation,
» font-ils plus dignes de gouverner
» l'Etat, que celui qui fait la gloire
» des Citoyens, & la terreur de
» l'Ennemi ? Aveugle Rome, n'ap-
» pelles-tu *fervitude* que l'obéïffan-
» ce rendue à un seul ; & la multi-
» tude des Tyrans fait-elle la li-
» berté ? Romains, dégénérés en
» barbares, concevez ce que c'étoit
» que l'autorité des Sénateurs ; puif-
» que le Peuple ayant une fois goûté
» de la Monarchie, a mieux aimé
» obéir aux Nérons & aux Caligulas
» qu'au Sénat. »

Les Vieillards irrités répondirent : « Ce ne fut pas nous, ni le « Peuple, qui appellâmes Néron à « l'Empire. Il naquit de son Sang ; « & la tête abattue, fut l'Hydre fu- « neste qui en produisit douze au- « tres. »

Le trouble & les violences alloient recommencer, si Lucifer n'eût fait rentrer Jules dans les châtimens dûs à son orgueil qui n'avoit jamais pû souffrir de maître ; & ses Rivaux, qui n'avoient pû souffrir un égal, furent envoyés avec tous les Juges pervers, pour être les assesseurs des Démons.

J'apperçus après cela les héritiers du nom & de la puissance du premier César. J'en remarquai un surtout, qui avoit l'air sombre & cruel. Près de lui étoit un vénérable Vieillard, d'une pâleur affreuse, & dont les veines, épuisées de sang, faisoient douter s'il vivoit, ou s'il étoit mort. Il prit cependant la parole, en voyant l'attention extrême avec laquelle je le confidérois ; & fatisfaifant ma curiofité, « Je fuis, » dit-il, le célébre Sénéque, Pré-» cepteur & Favori de Néron. Le » Tyran me donna tout ce qu'un pa-» reil Maître pouvoit donner ; mais » jamais fes libéralités, ni fes fa-» veurs, ne m'empêcherent de le » porter à la vertu qu'il n'aimoit pas, » ni de lui reprocher les vices qu'il » aimoit. Un pareil ami lui devint » incommode. L'envie augmenta fes » aigreurs, en publiant que je ne » perfuadois le mépris des richeffes, » que pour avoir moins de compé-» titeurs dans leur recherche. Il » avoit fait maffacrer fa mere ; il » s'étoit fait un divertiffement de » l'incendie de Rome : que pouvois-» je efpérer, ou plutôt que ne de-» vois-je pas haïr dans la vie ? Il me » délivra bien-tôt de ce poids im-» portun, & me laiffa, par une » grace digne d'un pareil bienfai-

» teur, le choix de ma mort. Que
» dis-je ? Ce ne fut pas là un sen-
» timent de pitié, mais de cruauté,
» qui tendoit à me donner plusieurs
» morts dans une seule, en m'en
» faisant éprouver toutes les hor-
» reurs. Je me fis ouvrir les veines ;
» & je me croyois heureux d'être
» descendu dans ce séjour : mais ce
» monstre odieux me suivit bien-
» tôt. Pour mon malheur, je suis
» contraint de l'y voir exercer sa
» cruauté , & enseigner de nou-
» veaux genres de tourmens aux
» Démons.

» Sénéque, repartit Néron, tes
» propos insultans prouvent encore
» que tu as mérité plus d'une fois
» mon indignation. C'est un métier
» dangereux que d'instruire les
» Princes. On risque beaucoup à
» faire entendre au Peuple, qu'on
» est plus sage que le Maître. J'aime
» mieux souffrir ici les tourmens in-
» fernaux, que de voir à côté de

» moi, un Favori faire gloire de
» ma honte. Je vous en prends à
» témoin, vous tous qui m'enten-
» dez, Empereurs & Monarques :
» En est-il un parmi vous, qui ait
» souffert sans peine, qu'un Favori
» surpassât votre pénétration & votre
» sagesse ? »

A ces mots, j'entendis la foule des Têtes couronnées applaudir au Tyran, & maudire les Favoris qui n'avoient été le plus souvent que leurs Tyrans véritables. Tibere s'éleva contre Séjan; Commode contre Pyrène & Cléandre; Domitien contre Rufus; Justinien prétendoit qu'il avoit encore fait grace à Bélissaire à qui il devoit la gloire & la grandeur de son Empire, quoiqu'il lui eût fait arracher les yeux, & qu'il l'eût réduit à mandier son pain; lui dont la valeur étoit si célébre, qu'on avoit coutume de prononcer son nom à la tête de l'Armée, pour encourager le Soldat,

& effrayer l'Ennemi, un jour de bataille.

Je conçus à ce spectacle la ressemblance parfaite de la faveur avec les objets dont le Diable Philosophe qui me servoit de guide avoit parlé, & particulierement avec le vif argent, qui est dans un mouvement perpétuel, sans se fixer nullepart. Il s'échappe entre les doigts, lorsqu'on veut le retenir; quand on le veut rendre plus sublime, il se convertit en vapeurs, ou même en poison; il pénétre jusqu'aux os, quand on le manie; & celui qui se familiarise avec lui, en conserve du moins un tremblement qui ne le quitte qu'à la mort.

Je tournai les yeux d'un autre côté, & j'apperçus un Vieillard d'un air majestueux, suivi de quantité d'autres dont la plûpart, ayant été maltraités par de mauvais Princes, avoient encore le corps & le visage tout sanglans. Je fus curieux de con-

noître ces personnages qui paroissoient déplacés en Enfer. » Je suis » Solon, me dit le plus grave d'en- » tre eux ; & voici les sept Sages de » la Grece, si fameux dans l'Uni- » vers. Celui que le Tyran Nico- » créon broye, comme vous voyez, » dans ce mortier, est le Philosophe » Anaxarque. Ce petit bossu que » voilà, est le prodige d'esprit & de » science que le monde connoît sous » le nom d'Aristote. Ce camus, est » le sage Socrate. Ce front large & » élevé, est le divin Platon : & tous » ces autres que vous voyez en file, » sont des hommes de même » mérite, dont les Tyrans & les » mauvais Princes, irrités de leurs » préceptes, ont tiré la plus cruelle » vengeance. » Tout ceci m'étonnoit étrangement ; & je ne pouvois comprendre comment des hommes si vertueux se trouvoient aux Enfers. Un Diable spirituel s'apperçut de mon embarras, & me dit : » Ne
» vous

» vous en laiſſez pas impoſer par ces
» hommes à barbe longue, &
» aux cheveux négligés. Ils ont mis
» la vertu en recommandation dans
» leurs Livres; mais on juge ici ſur
» les mœurs, non ſur les Ecrits.
» Quelle injuſtice croyez-vous qu'il
» y ait à maltraiter des fourbes qui
» ont loué quelques vertus confor-
» mes à leurs caprices, mais qui ſe
» ſont livrés aux crimes; qui ont
» quelquefois entrepris d'en accré-
» diter les plus honteux; qui dans
» le peu de belles actions qu'ils ont
» faites, ne ſe ſont jamais propoſé
» d'honorer d'autre Divinité que
» leur orgueil ? »

Tout ceci ſe paſſoit à l'extrémité de la galerie, où la Cour infernale étoit raſſemblée. Les Acteurs de la Scène n'avoient été juſques-là que les plus fameux perſonnages de l'Antiquité. Tout-à-coup nous fûmes interrompus par un homme du commun, qui s'écria : » Ne ſuis-je pas

» bien malheureux, d'avoir été
» l'homicide de moi-même par mon
» Testament ? Si je n'en eusse point
» fait, je serois encore en vie ; le
» mal le plus mortel, après le Mé-
» decin, est le Testament. Il en est
» mort beaucoup plus par-là, que
» par aucune maladie. J'ai signé ma
» Sentence de mort, en signant mes
» dernieres volontés. Ah ! que ne
» devins-je muet, lorsque je voulus
» prononcer ces paroles : *Je fais*
» *mon fils mon héritier universel ;*
» *je laisse à ma femme le revenu d'u-*
» *ne telle terre ; à un tel domestique,*
» *une telle somme ; ma vaisselle d'ar-*
» *gent à Monsieur un tel, mon ami*
» *intime, afin qu'il se souvienne*
» *de moi. Item si je meurs, je veux*
» *qu'on mette en liberté Moustapha,*
» *mon Esclave. Item, à Monsieur le*
» *Docteur un tel, je donne mon beau*
» *Diamant, en considération des*
» *soins qu'il a pris de moi durant ma*
» *maladie.* Si-tôt que j'eûs signé ces

» articles, la terre à qui j'avois
» donné mon corps, en fut affa-
» mée; chacun de mes héritiers &
» de mes légataires s'informoit si la
» maladie seroit longue; le Méde-
» cin pour se récréer la vûe, en la
» portant sur mon diamant, ne ces-
» soit de me tâter le poulx; si j'a-
» vois quelque foiblesse, ma femme
» crioit qu'on détendît les meubles;
» mes valets pressoient pour leurs
» legs ; mon ami demandoit en
» quoi consistoit la vaisselle d'ar-
» gent; l'Esclave couroit du côté
» de la porte. Je proteste donc, que
» si je retournois dans le monde, je
» ferois un Testament tout contrai-
» re; & je dirois : J'ordonne que
» tout ce que je laisserai après ma
» mort soit brûlé, & que les cen-
» dres en soient mises dans mon tom-
» beau. Je veux que tout ce que je
» ne pourrai emporter, le Diable
» en prenne possession. *Item* si je
» meurs, que mon Esclave ait les

» étrivieres trois fois par jour ; que
» ma femme se rende Partie contre
» mon Médecin, en l'accusant de
» ma mort, & en exigeant la répara-
» tion de mille calomnies que ces
» sortes de gens ont coutume de
» faire contre les mourans ; car ils
» nous persécutent jusqu'au-de-là du
» tombeau. Dieu lui fasse paix, di-
» sent-ils ; c'est le vin qui l'a tué,
» comment l'aurions-nous guéri ?
» Il étoit perdu de débauches. Il
» vivoit si mal : il valoit bien mieux
» qu'il mourût. O toi, me dit-il,
» qui n'es ici qu'en qualité de pé-
» lerin, apprends comment il faut
» dresser un Testament, & tu vi-
» vras aussi long-temps qu'une Cor-
» neille. »

Après ce discours on vit venir une multitude de Diables, Archers & Recors qui traînoient piés & mains liés le Diable des larrons, coupable, selon eux, d'un crime atroce. Lucifer, assis sur son thrône de feu, prit son air sévere. Ses Officiers se rangerent autour de lui ; le rapporteur parla en cette sorte : « Prince des ténébres, voici un Diable coupable de prévarication, ou de l'ignorance la plus crasse dans l'exercice de sa charge. C'est une honte, qu'il soit honoré du titre de Diable, puisqu'il fait un métier contraire à cette qualité, & qu'il ne s'occupe à autre chose qu'à sauver les hommes. » Tout le tribunal frémit à ce mot de *sauver*, mot horrible en Enfer ; & le noir Monarque écumant de rage ordonne qu'on instruise au plutôt le procès du perfide. « Seigneur, reprend le Rapporteur, c'est fait en deux mots ; son métier est de porter les hommes au larcin : la plûpart des voleurs qu'il a tentés, ont été pris ; on les a condamnés à être pendus ; mais avant l'exécution, on les a excités à la pénitence ; on les a confessés, & ils ont été

» sauvés. » Il ne faut point d'autre accusation que celle-là, dit Lucifer. » Le pauvre Diable voyant » qu'on alloit prononcer contre lui, » s'écria : Juge équitable des noirs » cachots, écoutez-moi, & ne me » condamnez pas sans m'entendre : » quoiqu'on dise que le Diable est » sourd, cela ne s'entend pas de » votre diablerie. « On lui permit de parler ; & il poursuivit : » Je con- » viens, grand Lucifer, que la » plûpart des pendus m'ont échap- » pé : mais si vous voulez compa- » rer leur nombre à ceux qui se » sont damnés à leur sujet, je m'as- » sure qu'on n'aura plus rien à me » reprocher. Combien n'ai-je pas » livré de témoins corrompus par » argent ? Combien de Greffiers, qui » donnoient au procès telle forme » qu'on désiroit, pourvû qu'il y eût » de quoi payer la façon ? Combien » de Juges qui ne trouvoient jamais » condamnable quiconque étoit opu-

» lent, & qui faifoient infaillible-
» ment perir ceux qui étoient pour-
» fuivis par des ennemis puiſſans,
» & par des concurrens libéraux ?
» S'il eſt arrivé parmi tant de bri-
» gandages qu'ils fiſſent faire juſti-
» ce de quelques voleurs vérita-
» bles, ce n'étoit pas afin d'exter-
» miner les larrons ; ce n'étoit, ce
» femble, qu'afin qu'il n'y en eût
» point d'autres qu'eux. J'ai donc
» uſé de ruſe dans mon miniſtere :
» Je troquois volontiers un pendu
» pour trente pendards, & je penfe
» que vos domaines ne perdoient
» rien au change. «

Lucifer trouva que ce Diable
avoit raifon ; il le combla d'éloges,
& fit défenfe à fes accuſateurs de fe
méprendre une autre fois de la forte, fous peine de punition exem-
plaire. On lui donna en récompenfe le choix de l'emploi qu'il voudroit. » Je ferai tout ce qu'il vous
» plaira, dit-il ; mais fi vous le

» trouvez bon, & pour me repofer
» des fatigues que j'ai effuyées juf-
» qu'ici, j'ai deffein d'employer le
» refte de ma vieilleffe auprès de
» quelque Abbé de condition qui
» afpire à l'Evêché. Je crois qu'un
» Diable dans ce pofte n'a qu'à de-
» meurer les bras croifés. Ces for-
» tes de perfonnes vont de leur
» plein gré, ou plutôt courent
» avec empreffement aux Enfers.
» Nul n'eft digne de l'Epifcopat,
» que celui qui le fuit & qui s'en
» croit indigne. Il faut poffèder
» toutes les vertus dans leur per-
» fection, pour fe fauver dans cette
» Dignité : c'eft n'en connoître pas
» les devoirs, s'en faire un jeu im-
» pie, ou être d'une préfomption
» tout-à-fait damnable, que d'y af-
» pirer. Ainfi je n'aurai rien à fai-
» re pour prendre mon gibier ;
» & le métier fera pour moi un re-
» pos véritable. On foufcrivit à fa
» Requête. «

Il se retira; & l'on apporta un autre Diable qu'on avoit trouvé à quelques pas de là, dormant d'un sommeil si profond, que, sans le bruit qu'il faisoit en ronflant, on l'eût foulé aux piés; la méprise qu'on venoit de faire, rendit les délateurs plus circonspects. On voulut l'entendre, avant de le condamner, & on lui demanda pourquoi il reposoit si tranquillement. » Il y a trois jours, dit-il, que je
» dors de la sorte, parce que je n'ai
» rien à faire; je prends mes vacances: je suis le Diable des
» Religieuses. Les Révérendes Meres sont maintenant occuppées à
» élire une Abbesse; &, jusqu'à ce
» que l'élection soit faite, j'ai le
» loisir de reposer à mon aise: car
» il n'y en a pas une qui ne soit à
» présent pire qu'un Diable. Elles
» font des brigues & des cabales,
» des ligues offensives & deffensi-
» ves; elles calomnient, elles flat-

» tent, elles se parjurent ; en un
» mot il y a une si grande confu-
» sion parmi elles, que mes sug-
» gestions ne feroient que les di-
» straire. Si jamais le tumulte &
» le désordre venoient à cesser ici,
» & si la paix se hasardoit à entrer
» en Enfer, il n'y faudroit qu'as-
» sembler un Chapitre de Religieu-
» ses, pour rétablir les choses dans
» leur état naturel. «

Tout las que j'étois d'un si long
séjour au milieu des Diables, ce
que je voyois, & ce que j'entendois
de la Hiérarchie & du Gouverne-
ment infernal, ne laissoit pas de
m'attacher. Mille autres Diables de
toute espéce, le Diable du luxe,
le Diable des richesses, le Diable
de la Conséquence, ou de la Cour,
les Diables de la Capitale, & ceux
de la Province, le Diable de la
Mode, le Diable de la piété, col-
legue de celui de la mollesse, & de
l'imposture ; le Diable de l'honneur

même, & celui de la probité, vinrent rendre compte de leur ministere.

Le spectacle finit par un objet assez plaisant ; on apporta une espéce de fagot de vieux Diables, entortillés les uns dans les autres, tout moisi & tout couvert d'araignées. On rompit les liens, on les démêla, & l'on eut bien de la peine de les tirer de leur léthargie : puis on leur demanda ″ qui ils
″ étoient ? quel étoit leur office ?
″ & pourquoi ils n'y vaquoient
″ point ? Ils répondirent en baillant
″ & en étendant les bras, qu'ils
″ étoient les Diables de la luxure ;
″ mais que depuis qu'on s'étoit avi-
″ sé de tenter les femmes par les
″ présens, toutes les autres insti-
″ gations étoient devenues inuti-
″ les ; qu'une bourse, ou qu'un
″ diamant avoit plus de pouvoir
″ que tous les Diables ensemble,
″ & que la Beauté la plus fiere se

» rendoit plutôt à un *Tiens*, qu'à
» un millier de douces paroles ;
» qu'ainsi leur ministere devenoit
» inutile, & qu'on pouvoit en tou-
» te sûreté leur donner les Invali-
» des. «

Ce fut la derniere scène de la piéce. Il y avoit long-temps que j'étois en Enfer, pour un vivant ; & quand j'eusse été Gentil-homme Verrier, l'air brûlant qu'on y respiroit, m'eût paru insupportable. Je priai un Diable officieux, de m'enseigner par où je pourrois sortir. Il me conduisit par un passage dérobé dans la garde-Robe de Lucifer. J'y vis en passant des tonnes pleines de Médecins & d'une infinité d'Ecrivains, adulateurs sots, en plusieurs Volumes, & toujours avec Epître Dédicatoire, & Privilège. Ils étoient emballés avec leurs Ecrits, & je ne pus m'empêcher de rire en les voyant. » Vous
» devinez à quoi sert tout cela,

» me dit mon guide qui me voyois » sourire. Je vois que vous êtes un » badin, lui répondis-je ; avançons, » & ne tardez pas à me faire changer d'air. « Il me montra un passage, qui étoit fait comme un soupirail de cave, par lequel je grimpai plus vîte, qu'aucun Savoyard ne fit jamais dans une cheminée ; & je me retrouvai dans la charmante solitude dont j'ai parlé au commencement de cette Histoire. Etonné, effrayé, & réjoui tout ensemble, je réfléchis alors sur les différens objets que j'avois vus.

Qui ne croiroit que l'effet de mes Voyages, aussi instructifs qu'extraordinaires, auroit été de me rendre sage ? Cependant si jamais j'ai été fou, je le suis encore. Quand les morts viendroient des Enfers prêcher les vivans, ceux-ci seroient toujours les mêmes ; c'est un Auteur plus sage que moi qui l'a dit : & quand les vivans iroient dans l'Enfer contempler les morts, ils n'en reviendroient pas meilleurs ; c'eſt moi qui en ſuis la preuve. Lecteur, ſi tu ne tires aucun autre fruit de mes Ouvrages, admires du moins un fou qui dit tant de bonnes choſes.

F I N.

ERRATA.

Pag.	lign.	au lieu de	lisez
v	5	l'une	l'un.
ix	1	verta	verra.
27	11	physionomistes	physionomies.
28	10	grande	grands.
28	12	plus	moins.
50	5	la verdure & la	sa verdure & sa.
59	15	femme	ferme.
73	20	lui faire honneur	faire honneur à la défunte.
82	16	des grands	de grands.
82	22	coile	collet.
91	10	houbereaus	hauberaux.
97	1	sallicre	sablier.
103	25	gands	gants.
105	4	regardes	regarde.
105	17	tous les jours	tout le jour.
106	1	la	sa.
108	15	reposes	repose.
108	19	un	le.
110	4	pourroit	pourra.
125	7	de	des.
146	17	bardeau	bardot.
157	12	expérience	expert.
158	19	macéré	machuré.
168	9	ne vaut pas mieux	ne vaut mieux.
185	10	plus	peu.
189	8	gémissemens	grincemens.
235	7	exhaussées	chauves.
260	7	Baracelse	Paracelse.
261	21	ce	le.
269	5	y	qui.
270	5	irritées	irrités.
275	4	son	ton.
275	5	la	ta.

On trouve des exemplaires de ce livre, à Paris

chez
{
  AUG. MART. LOTTIN au Coq.
  DUCHESNE au Temple du Gout.
} Rue S. J. Jacques.

  LAMBERT, rue & à côté de la Comédie Françoise.
  PISSOT, Quai de Conti, à la descente du Pont-neuf.

www.ingramcontent.com/pod-product-compliance
Lightning Source LLC
Chambersburg PA
CBHW071346150426
43191CB00007B/868